融合视讯放心课系列教材

董 超 ◎著

K

线股理
实战与应用

操作的成败不在于你的技术，而在于你的理念

本书更注重理念与价格运行规律。通过对K线的结构分析，剖析股价涨跌的运行规律，研判股价涨跌的逻辑关系，指导具体的操作行为。

经济管理出版社
ECONOMY & MANAGEMENT PUBLISHING HOUSE

图书在版编目（CIP）数据

K线股理实战与应用/董超著．—北京：经济管理出版社，2021.6
ISBN 978 - 7 - 5096 - 8099 - 5

Ⅰ．①K… Ⅱ．①董… Ⅲ．①股票交易—基本知识 Ⅳ．①F830.91

中国版本图书馆 CIP 数据核字（2021）第 131125 号

组稿编辑：杨国强
责任编辑：杨国强
责任印制：黄章平
责任校对：陈晓霞

出版发行：经济管理出版社
　　　　　（北京市海淀区北蜂窝 8 号中雅大厦 A 座 11 层　100038）
网　　址：www. E - mp. com. cn
电　　话：（010）51915602
印　　刷：唐山昊达印刷有限公司
经　　销：新华书店
开　　本：720mm×1000mm/16
印　　张：15
字　　数：298 千字
版　　次：2021 年 8 月第 1 版　2021 年 8 月第 1 次印刷
书　　号：ISBN 978 - 7 - 5096 - 8099 - 5
定　　价：49.80 元

推荐语

股市原理看董超，股价上涨一路超。
要想深知学董超，炒股技术会大超。

《眼观六路》主持人，《央广财经》特约嘉宾，资深投顾　韩东良

K 线图是我们识别走势和分析行情的工具，任何试图脱离 K 线图的分析都是徒劳的。董超先生的"K 线无为股理"是遵循道法自然、大道至简法则，结合了现代波浪理论、K 线理论，并融入其历经 30 年的实践经验总结而成的。

《阶段理论》创始人　纪垂海

股市投资者要进行技术分析，最基础的就是学习 K 线知识，如果读懂了 K 线在不同位置的表达方式，对实战操作指导性很强。对 K 线的分析，技术派有很多的解读方式，董超老师从博大精深的国学角度，深入剖析了相关的知识，为投资者加深理解提供了一套方法，值得认真地学习研究。

金融经济师，山东经济广播、广东经济广播和青岛经济广播特约嘉宾　王惠荣

"道常无为而无不为"

——老子《道德经》

　　本书是一部纯技术性股票操作指导读本,其中操盘指导理念遵循的是"道常无为而无不为"的老子哲学思想。认为道是一切操盘之根本,遵循"有术无道,止于术"的理念,要操盘先明股理。在复杂的市场面前,无论你过去多么优秀,但只要你终止学习的进程,停止努力前进的脚步,被市场淘汰则是必然之事。

　　"行百里半九十"意思是说走一百里路,走九十里才算走了一半,因为很多人坚持到九十里就放弃了。股市中拼的不是运气和聪明,而是毅力。成功需要积累与沉淀,没有谁能随随便便蜕变成市场中的交易高手。

　　每一位来到股市的投资者都是为了赚钱,但绝大多数人却最终以赔钱而离开。究其原因就在于不明股理。相信每一位股市的投资者都不会对 K 线理论、波浪理论、趋势理论、均线理论等经典的技术分析感到陌生。但扪心自问,你又对这些理论形成的原理知道多少,恐怕没有几个人能真正讲得清楚。于是才有了嘴上讲顺势而为,实际却常常逆势操作,天天喊要做主升浪,却往往追在浪尖上,日日苦心研究各种技术指标,试图探寻神奇指标,但最终是水中捞月一场空。

　　笔者进入股市 30 年,以上过程都曾经历过。最终几经反复终于渐有所悟。有道无术,术尚可求;有术无道,不如无术。战之在术,成之在道。一位教武术的老师这样对我说,练武不仅需要每天习练,要想有所成,必须要悟道。一句不经意的话,点明了炒股要有所成,功夫在市场之外。于是,笔者开始阅读《易经》《道德经》《孙子兵法》。并将其中道理与股市的经典理论相融合,感悟原本看似简单的 K 线、趋势、波浪中所蕴含的哲理。从而领悟到什么是阴阳转换、什么是趋势运行、什么是波浪规律以及其中的哲学理念。从而感悟到在股市这个变化无常的市场中真正做到如老子所言"道常无为而无不为"。其中"无为"是指顺其自然,不妄为;"无不为"是说没有一件事是它所不能为的。万物恃道而生,万物之所为即道之所为,故道虽无形,却可有为。而"道生一,一生二、二生三、三生万物"这一自然变化规律也可说在股市中要顺势而为,即要遵循股价的运行规律而进行交易,当转则转,当随则随。而非一味强调趋势运行方向。交易必须遵循阴阳转换规律进行。关于这一点我们的祖先早在 5000 多年前就已经明确阐述。《易经》中讲:"易有太极,是生两仪,两仪生四象,四象生八卦,八卦定吉凶,吉凶生大业。"这与股市中我们看到的 K 线有着密切的关系,太极即阴阳,两仪即 K 线的影线,四象即 K 线力度的大小(大阳、大阴、小阳、小阴),八卦则在股市中暗含着股价涨跌起落的运势。而在具体的操作中又应遵循《孙子·兵法》:"夫兵形象水,水之形,避高而趋下;兵之形,避实而击虚。水因地而制流,兵因敌而制胜。故兵无常势,水无常形;能因敌变化而取胜者,谓之神。"在交易中要遵守交易规则,不可墨守成规应学会顺势而变。

经过对股市的重新认知,结合实盘的反复演练随之将上述感悟进行汇总,笔者将其称作"无为股理"并将无为股理归纳为:趋势决定"钱"途,阴阳决定强弱,八卦决定运势,波浪决定成败,位置决定性质。无为股理在吸取前辈经验的精华基础上,结合我国古代的传统哲学思想,本着化繁为简的原则,摒弃了以往只重视数浪而忽视波段的做法,将重点放在波段转折及波段性质转换上。认为波浪趋势只能告知交易方向,而只有波段才能决定是否实施交易。同时,在注重K线阴阳转换的基础上,更强调K线组合属性的相生相克之关系,判断股价运行的涨跌背后的技术性逻辑关系,克服单纯以技术指标信号为主导的交易理念。

30余年的股市经历,笔者感悟到,股市中的任何技术都必须在一个正确的理念指导下,遵循市场交易法规,才能化腐朽为神奇,否则只能是化神奇为腐朽。因此,你交易的实质是你的理念,而非你的技术。缺乏理念的技术往往是一种空泛的感知,而任何感知都是主观意识的体现,建立在这一基础上的技术,往往是只知有山有水,却不知何为山何为水。结果是上山无路,下水无底。

学习交易技术是一个过程,而不是结果,那些抱着把学习交易技术当成决定盈亏结果而学习的交易者,都很难形成自己的交易体系,无法提高盈利的能力,最终失望地离开这个市场。

无为股理认为,交易首先要遵守法理,所谓法理即遵循股价涨跌的逻辑关系。这种关系如《易经》中所言"孤阴不生,孤阳不长,交通成和,万物化生"。在股市中,"阴生阳,阳生阴,老阴生少阳,老阳生少阴,独阴不生,孤阳不长"正是对《易经》中所阐述的自然规律揭示。阴线需要阳线而佐证,阳线需要阴线而扶持,阴强必返阳,阳强必返阴。没有永久的下跌,也没有永久的上涨。面对股价的涨跌,多数人可以认清趋势,但更多的人会贪图反弹的小利而逆势交易,更会因偶然的收获而沾沾自喜,使这种逆势交易行为得以延续。

完美的交易不在于你的交易是否获得收益,而在于你的交易是否能永远遵循交易规则进行,当进则进,当退则退。既不一味强调顺势,又必须顺应趋势而行。看大做小,以小博大。即遵循大的趋势方向,交易小周期趋势的转折结构。

绝大多数股市投资者认为,股票交易是一个技术性的问题。在许多年以前笔者也这样认为,以为在股市中赔钱是因为自己技术不精,于是拼命研究各类技术指标,但最终结果仍是成少败多。事实上,技术固然重要,但理念的正确性更为重要。因为交易不是技术而是艺术,你的理念决定你对技术的理解。进而影响你的交易结果。因此,本书在强调技术分析的同时,更注重交易理念的导向。

如今市场中经常有这样的交易者,他们希望通过T+0式的交易降低自己的持仓成本,但却又担心卖出后接不回来,造成亏损。这实际上就是交易理念的问题。

因为你的理念是为降低成本而交易,而不是遵循规则而交易。之所以会出现卖出接不回来的现象,那一定是你在没有卖出信号时卖出了,违背了交易规则。正如一位优秀的运动员站在了起跑线上,但发令枪没响即抢跑出去,结果只有被淘汰出局。因此,任何交易的前提都必须在遵守规则的前提下进行,否则你的想法再好也只能是梦想。

许多人进入股市,一是为了赚钱,二是为了证明自己比别人有能力,三是追求暴富梦想。唯独忘却了炒股的第一要素是避险。而这正是绝大多数人失败的根源。

你的交易能否成功,不在于你使用的是哪一套规则,而在于你能否遵守规则。随着科技的进步,现在市场中出现了许多先进的炒股软件,但这些软件并不能帮助绝大多数投资者摆脱赔钱的窘境。原因就在于技术是单纯的,而市场是复杂的,以单纯的技术应对复杂的市场,其结果必然会是成少败多。巴菲特有一句名言"避免错误比摆脱错误容易得多"。在众多的股票交易者眼中看到的更多的是机会,而忽视了机会背后的风险,认为软件是一种神器,对它所发出的指令就如圣旨。这恰恰说明你缺乏正确的交易理念。将机会看得比什么都重要,而忽视了市场的本质是赌博,你的对手正在等待你落入陷阱。

孙子兵法讲:"水因地而制流,兵因敌而制胜。故兵无常势,水无常形;能因敌变化而取胜者,谓之神。"在股市中要想成为赢家,就必须知其然,而知其所以然。你的胜利不在于你有多强大,而在于你对市场的错误了解多少。佛家有"迷时师渡,悟了自渡"的禅理,有人将股市投资者形容为冥河上的摆渡者。在这条冥河上,刚入股市之门未曾悟道时,老师传授你知识和技巧,帮你摆渡过河,助力你到达入门的彼岸。当你达到了彼岸,今后的路则要靠你自己走。正所谓师傅领进门,修行靠个人。建立属于你自己的交易思想和投机哲学,这是一条艰难曲折,甚至漫长的路。在这个过程中,你会慢慢体会到交易技术不是靠学习和模仿来完善的,它需要实践、体验、悟道。就像一个围棋运动员的训练过程一样,在学习生涯中,他下棋的动作只不过是训练、智慧同技巧相配合,然后在多次的实战运用中悟道,最终达成领悟棋道精髓的实质。这才是我们要树立的交易理念。尽管我们强调注重技术分析理论的学习,但单纯的技术分析并不能让我们真正在股市中稳定地赚钱。因为任何一种理论,如果缺乏对股市正确的认知情况下,都不可能精准地把握市场跳动的脉络。江恩理论、道氏理论、波浪理论、均线理论、K线理论都只是从某一个方面诠释了股市的运行规律,但股市是社会综合行为的体现,没人能够真正准确预测未来。因此,要想成为股市中的赢家,做好当下的交易,比预测未来更重要。

目　录

第一章　总则

有道无术。术尚可求；有术无道。不如无术。战之在术，成之在道。

股市其实就是游戏，一种赌博的游戏。每一名玩游戏的人都必须遵守游戏规则。股市的游戏规则就是顺应趋势，并在适当的时间下注。而要做到这一点别无捷径，只有不断地学习，为此笔者阅读了大量的书籍，包括技术分析、统计概率、经济学、心理学以及哲学。用了20年时间获得相关知识，并将它们组织为有系统的格式。即趋势、波浪、波段、形态、位置、能量、信号、汇合成交易模式。取名为无为股理交易模型。

老子《道德经》第三十七章"道常无为而无不为"。说的是人要遵循自然之理，顺应自然的运行。"道"的作用就是无为，它的效果是无不为。道顺应自然，是自然而然的，一直这样，好像什么没有做，无所作为，叫无为。无为就是不违反自然法则而为。

相信很多人和笔者一样在刚进入这个市场时，每天都会准点去收听各类股评，阅读大量的相关书籍和评论。但久而久之会发现那些对我们的实际操作并没有太大的帮助；相反，经常会诱使我们犯错误。原因在于我们追求的是术而不是道。而在市场中常会不明其势而用术，结果多为事与愿违。

没有人愿意在股市中赔钱，但却一如既往地赔钱。每天嘴上讲着要顺势而为，却做着与趋势相反的事。因为你的交易永远是跟着感觉走，而不是跟着交易法则走。老百姓有句话说得好，"习惯成自然"，当你习惯了在赔钱的道路上行走，就会在这条道路上一直走下去。这也是自然的法则。

事实上，来到股市的投资者可分为四种人：赌徒、交易者、投机者、投资者。赌徒为赌博而来，他们的买卖完全不看趋势，但却遵从胜算的概率，如股价已连续下跌数日，今天出现止跌迹象，明天存在大概率的反弹，哪怕这种机会稍纵即逝，也可拼命一搏。交易者则更看重短线的次级趋势，在此基础上把握趋势的转折，进行交易。投机者事实上看重的是中期趋势走向，因此，他们的交易周期一般会在数周甚至长达几个月。而对于投资者而言，大趋势才是他们所关注的，他们的交易周期往往是以数年为计算单位。由此我们可以得到这样的结论，股市的规则是因人而异的，贸然地将他人之术拿来，而不明其道，最终的结果只能是"有术无道，止于术"。

明股理，股市无招胜有招。

遵法则，股海泛舟自逍遥。

顺势而为对每一位交易者而言似乎都是非常正确法则，但实际上它只属于学者们研究的问题。对交易者而言，趋势只能告诉你股价运行的方向，而不能告诉你交易的时机。因为当趋势被确立后，你已错过了许多交易机会。因此，就交易而言只有交易规则是最重要的。做好眼前的事，比看清未来更重要。所以，本书所述的无为股理更注重每日的价格走势，即K线结构的变化。

K线本身除反映市场价格实际运行状况外，它更大的意义在于，它是规则的载体。任何交易规则都是通过K线来体现。这也就是我们之所以要研究K线的意义。

第一节 K线股理

K线在18世纪就产生了，经历了200多年的验证。它的发明人是一位叫本间宗久的日本人。日本也是世界上第一个推出期货的国家，他们当时做的是大米期货。本间宗久通过发明K线图，并且把它运用到大米期货交易里，用于判断大米的行情走势。但本间宗久的灵感却是来自中国的智慧——周易、八卦。周易所讲：易生两仪，两仪生四象，四象生八卦。其中两仪即为阴阳，四象即空间，而八卦则为运势。八卦之间的阴阳转化对应为涨跌。因此，K线又称为阴阳线。之所以又称为K线，是因为在日文中，K线叫"罫（日本音读 kei，中文读音'拐'）线"，而"罫"就是"卦"的意思。由此可见其深受中国周易八卦的影响。

20世纪80年代，美国著名期货市场技术分析专家史蒂夫·尼森在《期货》杂志上将日本的阴线阳线介绍给西方读者，在翻译时，史蒂夫·尼森将"罫线"直接音译为"K线"，随后K线由美国传入中国台湾，然后由中国台湾传入我国内地，由此开始了对K线的了解和运用，并被广泛研究并传播，成为最主流的技术分析方法之一。K线由易经八卦而生，其股理应遵循易经之理法。《周易·乾卦》中讲：潜龙勿用，见龙在田；终日乾乾；或跃在渊；飞龙在天；亢龙有悔。事物循序发展的历程，与股市中股价的运行规律极其吻合。而太极图阴阳鱼的转换与股市K线图的转势，会发现两者很相似。阳极生阴，阴极生阳，物极必反，阴阳的转换、多空的转变都在极点处。

而K线图是把每一根K线都连接起来，变成一个波澜起伏的连续的图形。K线图其实是一个坐标体系，它的横轴是时间轴，纵轴是价格。也就是说，K线是有周期的，你可以自己设置，小时线、日K线、周K线、月K线都可以。它反映的是对应时间周期内的K线图。

K线大家都知道，由最高价、最低价、开盘价、收盘价组成。这四个价格很重要，是你能否在股市操作中盈利的很重要的因素。

四个价格的意义：

（1）开盘价：是对于昨日收盘价以后市场信息的价格反馈的结果。

（2）最高价：代表当日多空争夺中，多头的最大能量冲击点，空头的极限忍让位。

（3）最低价：代表当日多空争夺中，空头的最大能量冲击点，多头的极限忍让位。

（4）收盘价：日内多空争夺最后的结果。

K 线的开盘价、最高价、最低价、收盘价之间又存在如下关系：

（1）开盘价与收盘价存在多空力量平衡对比关系。

开盘价－收盘价＝多空平衡力

（2）最高价与收盘之间存在空头反抗力大小的关系。

最高价－收盘价＝空头收复能力

（3）收盘价与最低价存在多头反抗力大小的关系。

收盘价－最低价＝多头收复能力

（4）最高价与最低价存在多空防御区域。

最高价－最低价＝多空防御区

K 价格之间差值的比值，代表多空能量对比。那么 K 线的这些价格究竟是怎么在股票市场上体现的呢？

我们先以几种典型的单根 K 线从多空力量的角度进行分析：

（1）大阳 K 线：表示上涨趋势强劲，多头能量充分，预示上涨行情将会继续。卦象为泰，泰卦小往大来，由小利转为大利，泰线是加仓信号。

（2）大阴 K 线：表示下降趋势强劲，空头占据主导，预示下跌行情仍会继续。卦象为否，否卦大往小来，由大利转为小利，否线是减仓信号。

（3）中阳 K 线：表示上升趋势基本确立，多头占据市场主导，行情呈逐渐上涨趋势。卦象为临卦，临卦具有进展顺利的意义，但前方将遇到阻力，需要采取正确的应对措施。

（4）中阴 K 线：表示下降趋势基本形成，空头能量占据上风，行情呈逐渐下跌趋势。卦象为遁，遁卦利君子不利小人，高手通常善于利用遁线获利，而新手则往往受遁线伤害，是超短线投机交易的机会。

（5）小阳 K 线：意在回归正道，表示上涨的趋势正在产生，多头在积蓄能量。卦象为复卦，具有"反复其道"的含义，复线是交易机会即将出现的预兆，是重要买入信号。

（6）小阴 K 线：表示下跌的趋势正在产生，空头在积蓄能量。卦象为姤卦，姤卦提示的是需要小心谨慎，对于股市交易者而言，即交易机会即将消失，是重要的卖出前兆信号。

（7）极阳线即光脚光头阳 K 线：表示上涨态势猛烈，多头强劲，预示行情仍将继续上涨。卦象为乾，乾卦大吉大利，通常应该保持仓位，但要注意，一旦亢龙有悔，必须立刻卖出。

（8）极阴线即光头光脚阴K线：寓意下跌态势猛烈，空头占据市场主导，预示行情将继续下跌。卦象为坤，坤卦属地，地在物博，君子以厚德载物，大吉大利，是择机获取收益的良机。

从上述K线的描述中我们不难看出，K线中暗含着多空转换关系，但并不意味着这种强弱关系的存在，就可以产生必然的结果。正确地理解这种关系，还需要我们更深入地了解现有价格与历史走势及K线构架，才能体会K线所要表现的市场内涵。

K线股理是在现有价格及历史走势的基础上，对未来价格走势的概率性的推演，并依此给出合理性的解释。但仅仅依靠概率是远远不够的。因为概率只是一种大数法则，正如我们抛硬币一样，即使连续100次你抛出的结果都是正面的情况下，第101次仍有可能是正面。因此，遵循市场价格运行规律，研究探寻其中内在的涨跌逻辑关系，从而做到买卖有理可依有法可循。

无为股理的指导思想及理论基础主要来自《易经》《道德经》《孙子兵法》，遵循道法自然，大道至简的法则，并结合现代波浪理论、K线理论。结合笔者30余年的股市实践经验总结而成。

无为股理认为世间万物都有其自身发展规律，股价的运行同样有其自身的规律。即"起、承、转、合"。即一生二、二生三、三生万物的自然法则。

起：对原有趋势的改变即为起。

承：对原有波浪的延续即为承。

转：对走势的转变即称为转。

合：波浪性质的终结即为合。

起、承、转、合四者既独立存在又相互融合，"你中有我，我中有你"。例如：前一浪是后一波浪的起始，后一波浪既是承接波浪，同时也是后续波浪的起始波浪。

同时，无为股理认为，价格的涨跌永远是以波浪形式表现，无论是大周期的波段所构成的波浪，还是单一K线的内部构架，皆以波浪形式体现。而波浪的性质的转换往往出现在第三波浪以后。即第一波浪与第二波浪的性质通常是相同的，而第三波浪是变数波浪。

此外，无为股理又将股价所处的位置分为六种性质：

潜龙勿用、见龙在田、终日乾乾、或跃在渊、飞龙在天、亢龙有悔。

（1）潜龙勿用：股价处于对原有趋势出现改变迹象阶段，此阶段股价属于萌发性质。仍有待观察，不宜盲目决断。

（2）见龙在田：此阶段股价已显露出强势迹象，但仍需要市场环境的配合，及后市价格的强K线的出现，才可确定能否腾飞。

（3）终日乾乾：股价已步入上升阶段，此时应注意时时防范风险。

（4）或跃在渊：股价处于休整阶段，能否再次起动，或向下沉积，存在不确定性。

（5）飞龙在天：股价已处于相对的高位，此时应观察是否有后继力量的介入。

（6）亢龙有悔：股价处于高位，市场已进入狂躁阶段，此时，应适时离场。

第二节　修行

股市投资目标自然是"赢取收益"，但由于对目标的过于执着，往往会让我们心浮气躁、思维紊乱，最终以亏损而出局。其根本原因在于，心不正，理不明，乱法则，急功利。

无为股理认为：股市投资应以"修心为上、守正法则、先求不败、坚定信仰"。

一、修心为上

易经中讲：君子终日乾乾，夕惕若厉，无咎。这告诫我们每日都需要努力，小心防范，才可取得成功。

投资者在股市中往往只想到的是如何盈利，忽略了防范风险。众多的投资者把在股市能否赚钱归结于市场环境。认为大势向好自然赚钱，大势不好赔钱也在情理之中。却不知股市交易的本质不在于市场，而在于心态。

无为股理认为，市场环境不是我们能否在股市中赚钱的必要条件。股理认为，你交易的不是市场，是法则，而法则不是来自市场，而是来自你的理论、模型和假设给市场的定位。这一切取决于你的心态。

交易思想、原则和方法是经验和智慧的产物，但投资者行为的真正动力一定来自投资者自身的灵魂，对于法则体系的信仰。

因此，无为股理将修心作为投资股市的第一要素。孟子说"吾善养吾浩然之气"，作为一个投资者，需要在点点滴滴的事情上磨炼自己的个性、气质、精神，而不是简单地了解市场、了解交易。只有这样才能真正做到，守定如山，顺势如水。

二、守正法则

市场给我们贪婪的本性挖下陷阱。能够无视种种诱惑，自始至终坚守交易法则，才是制胜的秘诀。一个优秀的交易者不应以交易的结果去论英雄，而应以交易的法则去评判交易行为的正确与错误。正如一个人走进赌场去赌钱，结果赚到了一大笔钱。表面上看，其赚到了钱，结果是好的。但他走进赌场本身就是错误的事。而如果让错误的事不断地出现，那最终的结果一定是非常糟糕的。

作为股市的投资者，一旦放弃了交易的法则，就已经迈进了危险的境地，成为了赌徒。作为一个优秀的投资者，根本不应该做出交易法则以外的事情，哪怕这样的交易有利可图，也会为你日后的失败埋下祸根。

三、先求不败

《孙子兵法》说：是故百战百胜，非善之善者也。不战而屈人之兵，善之善者也。胜兵先胜，而后求战；败兵先战，而后求胜。

股市投资取胜的要诀：首要目标应为"求不败"，而非"先求胜"。求胜者必心切，心切则乱，乱则必败。当你一心求胜，必然增加失败的可能性；而"先立不败"的背后是"至多是不胜"，首先排除失败的可能，所剩下的结果就只有"胜"与"不胜"。可谓君子不立危墙之下。

要知道你交易的不是市场环境，而是市场规则，即交易的法则。打开电脑的那一刻就应该知道要观察什么，哪些变化是非常重要的，哪些变化是没有意义的，什么情况下应该果断行动，而不会因市场价格涨跌而盲从，这是优秀交易者必须具备的基本思维模式和行为准则。

四、坚定信仰

大多数投资者失败的原因在于：首先，缺乏对交易理念的信仰。交易是一种孤独的游戏，投资者在市场中注定是孤立无助的。交易本身并非是一种技术手段，而是一种艺术行为。因此，交易永远不会是完美的，如果缺陷交易行为，必会对交易理念产生质疑，进而失去交易信仰。因此，每一次交易决策的背后都是对交易体系坚定信仰的考验。相信什么就有什么样的交易。小智为财奴，中智为克己，大智为信仰。其次，是处于懵懂，追求所谓的完美交易，将简单的事情复杂化。宋代禅宗大师青原行思提出参禅的三重境界：第一重，"看山是山，看水是水"；第二重，"看山不是山，看水不是水"；第三重，"看山还是山，看水还是水"。

其实今日我们学习股市中的各种理论也正如此。交易的三重境界是：简单化—复杂化—简单化。起初，交易者对什么都处于不明状态，看到K线图后会用最直接的看涨或看跌去理解。在接触了各种造成思维混乱的知识和理念后，开始变得非常复杂。最后只有悟性高的人，才能走出这个囚笼，回归简单。

老子说：为学日益，为道日损，损之又损，以至于无为，无为而无不为。老子认为做学问与修道的方法不同，做学问是每天都增加一点知识，而修道是每天减少一点欲望成见，一减再减，减到最少，就无所不知，无所不能为。老子在2000多年前就已把交易之道的精辟之道告诉了我们。交易的知识、见解要日有所增。交易的欲望与成见要日有所减，直至弱水三千，只取一瓢。"损至一为"守终如一，简单的事情重复做，交易之道彻悟。

第三节　悟道

老子在《道德经》中言"后其身而身先，外其身而身存"。

圣人总是置身于众人之后，全面倾听别人的意见，审慎地考虑矛盾的各个方面。所以当圣人抓住主要矛盾并给出解决方案时，他总是得到众人的支持。圣人考虑事情总是跳出自己所在的小范围，从更大的视角看待整个趋势，认清短期利益和长期利益，总是向着更长远、更有利的方向做事，所以生存了。

一个聪明的交易者从不会主观臆断先发制人，而是意在势前，随势而动。势不动时，我宜不动，势发而随，后发先制。

因此，我们研究 K 线的目的不是为了先人一步，而是为了发现价格趋势已经出现轨迹，并遵循这一轨迹判断未来可能出现的变化。

我们学习 K 线股理也如此，交易的三重境界就是：简单—复杂—简单。交易者的第一重境界：无知者无畏。初入股市的交易者，都是聪明交易者，因为无论什么对他们而言都是简单得不能再简单的，似乎市场尽在掌握之中。尽管此时嘴上讲我什么都不懂，而心里却在想这有什么难的呢？因为，没有一个真正认为我不懂、我不行的人，愿意将辛苦挣来的钱扔到自己毫无认知的市场里去。此时，处于自视聪明阶段，从心里鄙视在股市中赚钱的人。直到自己也成为赔钱队伍中的一员。

交易者的第二重境界：无知者有畏。陷入赔钱的痛苦之中，终于明白和认识到自己真的欠缺一些知识和经验，认识到自己的不足，在这个阶段表现出来的是求知若渴，大量购买相关的书籍，积极参加各种培训讲座，积极和周围的人去探讨交流开始努力学习，探寻各种绝技，刻苦研究种类技术指标。对于股市的看法开始进入复杂化阶段。对什么都抱以质疑的态度，结果是虽有小胜但终无大果。处于知道而不明道阶段。

交易者的第三重境界：有知者有畏，此阶段的交易者已对市场产生了畏惧之感。懂得尊重市场，懂得要遵守交易法则。老子：为学日益，为道日损，损之又损，以至于无为，无为而无不为。

交易者的第四重境界：无欲者无畏。此阶段的交易者，已知道如何顺应市场之法则，一切的交易都以法则为准绳，无欲而为之，一切顺应自然。无为不是讲不作为。老子讲"道常无为而无不为"，老子认为必须把一般的认知东西去掉，才不会用经验去说"道"，才符合道的无为，进而才可以做到无不为。

道是独一无二的，道本身包含阴阳二气，阴阳二气相交而形成一种适匀的状态，万物在这种状态中产生。万物背阴而向阳，并且在阴阳二气的互相激荡中而成新的和谐体。所以，一切事物，或者减损它反而得到增加；或者增加它反而得到减损。有老师这样教导笔者，笔者也这样去传导别人。

第四节 关于交易分析的认知

事实上，交易分析是一个理念的问题，同一天同一时刻同一个技术指标，我们每个人看到的都是相同的，但却会得出不同的结论。原因在于你是以一个什么样的理念去看待。无为股理认为，交易是一种艺术，而非技术。以艺术的理念和眼光去看技术指标，你会感觉它是动态的。而以技术的理念和眼光去看技术指标，你会感觉它却是固态的。这就犹如有人将三种颜色摆在你眼前，问你眼前有几种颜色，多数人回答会是三种，但在一个画家眼中它或许已成为五颜六色。原因在于思维方式的不同。

技术分析的四重境界：

技术分析第一重境界：处于单纯的技术迷恋境界：涨和跌随心想，过去几天涨就觉得未来还会涨，跌得多了一反弹就觉得会反转。只会做多，不会做空。苦学各种指标，不断地捡起，又扔掉，时间久了产生技术分析无用论的想法，但又无法真的抛弃，因为过去努力获得的认知已经根深蒂固。有的人一辈子走不出来，对于玄而又玄的技术理论钻研越深，错得越离谱。为什么会这样？因为我们从没有思考过价格规律的本质，从没有怀疑过自己学习的技术是否有人真正用它长期稳定地赚过钱。这类人突破的最好契机是亏钱到绝望之时。但恐怕到了那个时候，会彻底离开市场。

技术分析第二重境界：趋势崇拜境界，此类人更关注价格的中长期走势，培养大局观。大量复盘，研究历史走势规律。总结出了许多高胜算的形态结构，并辅以技术指标。以为自己可以快速赚到大钱了。但市场属于混沌复杂适应系统，一切的趋势与技术形态都是可以随意被改变的。尽管我们常说趋势一经形成，就不会轻易改变。然而，事实上当你看清趋势时，趋势轨道已到了变换的时候了。面对市场的转轨，仍旧期待着行情反转。即怕回撤失去赚大钱的机会，又担心若不止损是否会赔得更多。此时，你的交易理念虽然找对了方向，即交易要顺势而为，但却不知进退。古人按语说：敌势全胜，我不能战，则必降；必和、必走。降则全败，和则半败，走则未败。未败者，胜之转机也。面对复杂的市场环境，交易者首先要做到知进退。在股市中许多人之所以被深套其中，就是不知进退所致。

技术分析第三重境界：懵懂阶段，对于股市似乎已经很清楚，也自信掌握了技术分析的技巧，但在实际中却总在质疑自己。索罗斯说："世界经济史本来就是一部基于假象和谎言的连续剧"。你虽然赚了钱，你的人生观和价值观也发生了重大的改变。你清楚没有几个人能在市场里赚到钱，你不愿意跟周围的人谈论股市。每当有人在你面前吹嘘时，你或许已经知道他的现状和最终的结局。因为你已经从那个阶段度过。此时的你需要的是顿悟，需要大幅度做减法，精练交易系统。"菩提本无树，明镜亦非台；本来无一物，何处惹尘埃。"交易的心态已从"耐心"转入"静心"。虽尚未清楚，真正的交易法理，却懂得"知止而可得，知舍而可得"之道。

技术分析第四重境界：超越博弈观。此境界的人都可称为交易大师。每年就交易几次，每次都会赚钱赚到不好意思。此时你的交易已不存在博弈的概念，而是远超越博弈观，从广度和深度上对价格的波动进行更深入的思考。道法自然，顺势者昌，逆势者亡。关注未来的大趋势？如何"如影随形"跟踪大趋势？如何用"道、术、法、器"提高"喜心"境界？用太极阴阳把握大波段？

道：从市场、技术、人三个角度理解整个交易。

术：由拐点—波段—趋势—仓位，最终整合到一张图，形成趋势跟踪的技术体系。

法：从怎样进场？何时操作？怎样操作？操作对象？四个方面制定了纪律，保证交易的执行。

器：由均线及种类指标来辅助趋势跟踪的操作。

《道德经》有云："后其身而身先，外其身而身存"。甘心情愿退后，又身不由己向前。这才是第一等智慧。

第二章 K线的构架形式

第一节 K线的概述

K线是构成技术图表的基本要素，它最直接地表达了股价变化状况。K线起源于日本，原名罫线。流传到西方后，取罫（kei）第一个音命名为K线。本来是日本米市商人结合了《周易》和《孙子兵法》来预测行情的工具，所以不管K线能不能准确预测行情，K线确实是一个预测工具，而且和《周易》渊源很深。依据K线的阴阳大小位置及组合，可以对股价的涨跌作出趋势的判断，其原理与我国传统的阴阳学说辩证的思想完全吻合，阴阳八卦学说是我们中华民族古代文明的基石。《易经·系辞》阐明了八卦的来源："易有太极，是生两仪，两仪生四象，四象生八卦，八卦定吉凶，吉凶生大业"。简单地说，"易有太极，是生两仪，两仪生四象，四象生八卦"用八个基本卦归纳象征演绎万物之间的属性关系。阴阳学说认为：阴阳未判称为无极，阴阳未分称为太极，阴阳已分称为两仪，即太极生两仪（纯阴仪，纯阳仪），两仪生四象（老阴，少阳，少阴，老阳），四象生八卦（乾兑离震巽坎艮坤）。对于股价K线而言无非涨跌阴阳，大小长短。也就是阳K线和阴K线，对应的是两仪中的纯阳仪和纯阴仪；在实战中我们又会发现多空双方战斗的区域和获胜的地盘，即K线中除实体外出现了影线部分，即两仪生四象，区分出光头光脚阳线（老阳），带下影线的阳线（少阴），光头光脚阴线（老阴），带上影线的阴线（少阳），这是二分法；事实上我们会发现，多空买卖双方交战区域极为广阔，往往会在同一天的K线上出现上下影线，即所谓的三分法四象生八卦：光头光脚的阳线（乾卦，纯阳），带上影线的光脚阳线（兑卦，上阴），带上下影线的阴线（离卦，中阴），带下影的光头阴线（震卦，下阳），带下影的光头阳线（巽卦，下阴），带上下影线的阳线（坎卦，中阳），带上影的光脚阴线（上阳），光头光脚的阴线（坤卦，纯阴）。

我国阴阳学说认为，宇宙间的一切事物和现象，都是阴和阳的对立统一体。所谓阴阳，是对一切相互关联的事物和现象对立双方的概括，是对立统一的两方事物，或同一事物内部存在的相互对立的两个方面。如天地、外内、动静、快慢、升降、涨跌分属阴阳。事物的生成、变化以至消灭，都是由于事物内在联系的阴阳双方运动的结果。阴阳双方的内在联系和运动规律，主要分为：

（1）阴阳对立制约。阴阳对立制约是指宇宙间的一切事物都存在阴阳两个方面。阴阳作为一个统一体的矛盾体相互排斥制约、互相斗争着，通过斗争结果取得了统一，即取得维持了动态的平衡。如日常的股价和指数的涨跌市场的多空双方的争斗。

（2）阴阳互根互用。阴阳互根互用是指事和物中对立着的两个方面，是相互依存、相互为用的。阴依存于阳，阳依存于阴。双方各以对方作为自己存在的前提，任何一方都不能脱离对立的一方而单独存在。

（3）阴阳消长量变。"孤阴不生，独阳不长"，没有阴也就没有阳，没有跌也就无所谓涨。阴阳此消彼长，不断运动变化，是指阴阳之间的相对平衡，不是静止或绝对平衡，而保持着动态平衡，"阳消阴长，阴消阳长"说明事物的量变过程。

（4）阴阳转化质变。阴阳转化质变是指事物对立的两个方面在一定的条件下可以各自向其对立面转化，即阴可以转为阳，阳也可以转为阴。从而事物的性质发生根本性改变。"阳极生阴，阴极生阳"主要说明事物的质变过程。K线是在单位时间的股价波动，买卖双方力量的增减变化，通过阴阳K线图"影线"与"实体"表现出来，通常"实体"部分区分为阴线和阳线，"影线"则表示多空争斗的攻防区域，上影线表示多方所攻击的极限位，下影线意味着空头攻击的极限位。

一、K线与行情分析

K线的分析就是依据单一K线的形状及K线的组合及形态做出行情的研判。相同的K线出现在不同的位置（如上升，盘整或下跌趋势时），其实战的意义会完全不同。这也是K线的奥妙和魅力所在。

在具体实战行情研判中，大多数的交易者，一般以日K线为主，周K线或分时K线（60分、30分、5分）为辅。K线的分析方法与西方的量化分析方法有明显差异，它是东方特有的形象模糊思维的具体运用，因此，在应用时需要交易者有较强的逻辑思维及辩证思想。能通过趋势、位置、形态、信号加以判断。

（1）日线为主导。通常盘中分析一般以日K线为主，因为日线是当日多空交战的结果。它最能反映当下市场双方的力量对比。可以据此判断下一个交易日行情的趋势，因此日K线也是短线高手进行买卖的重要依据，但单日K线的研判有较大的局限性，如果庄家在日线中出现骗线行为，很容易诱使交易者落入交易的陷阱。所以在实战中，一般是结合三根K线，甚至是一组日K线的组合来进行综合性研判，以提高对行情判断的准确性。

（2）周线为辅助。周线包含了五个交易日，代表着多空双方一周的交战结果，强弱胜负一目了然，而且周线还可以有效地化解庄家骗线行为，原因是若庄家利用周线进行骗线，尽管能起到更好的诱骗性，但由于成本过高，对其自身的伤害也十分严重。此外，周线趋势性、突破性、筑底性、准确性比日K线要可靠得多。因此，辅以周线具有看长作短的更好效果。

（3）分时为辅助。股票市场上，短线客一般以60分钟K线为主、30分钟K线为辅，以寻找进出买卖的出击点；甚至以5分钟进行买卖交易。但它一般只适合在T+0的交易规则下进行操作。这种超短期交易的好处是，能更及早地发现交易机会，而一旦交易的方向被确定是正确的，则收益会大大提高。其缺点是周期较短，其后市的变数较大，安全性和稳定性较差。

二、K线研判的基本要素

研判K线的性质及强弱主要从以下四方面着手，即K线的四要素：

（1）阴阳类别：指K线的涨跌阴阳属性。阳线表示买方占强，属于多头行情性质，意味着短期可能继续上涨；阴线表示卖方占强，属于空头行情性质，预示着短期可能继续下跌。

（2）实体大小：K线的"实体大小"是市场多空内在动力大小的体现。实体长度的大小表示上涨或下跌趋势的强弱。阳线实体越大，说明市场的潜在上涨动力越大。相反，阴线实体越大，反映出市场的潜在下跌动能越大。

（3）影线长短：K线的影线反映着上方压力或下方的支撑潜在位置，一般情况下，上影线越长，表示上方压力越大，越不利于股价向上推进。下影线越长则反映逢低买盘越强，股价的支撑力越强。影线长短表示转折信号的强弱。当出现大于实体两倍以上的影线时，常常是"见顶"信号；反之，当出现大于实体两倍以上的下影线时，往往是"见底"信号；在同一根出现上下影线的K线，应该重点关注那根较长的影线，因为它往往代表了主要的转折方向。

（4）中心值与重心：K线的中心值与重心是K线实战研判中十分重要的环节。K线的中心值是K线实体的中心点位，是多空平衡的分水岭，突破中心值意味着行情趋势的逆转和多空力量对比的转换。K线重心指在当日K线对前一日K线实体的嵌入程度。若当日K线的中心值班处于昨日K线中心值之上，则反映市场多头占据优势，后市上涨概率较大；反之，若处于昨日K线中心值之下，则意味着空头占据优势，后市看跌的概率较大。总之，K线重心提高的幅度越高，后市上涨的概率越大。K线重心降低的幅度越大，后市出现下跌的概率越大。即把握"位置越高越看多，位置越低越看空"这一研判的原则。

应用K线进行市场研判除以上四点外，还有一些特殊的K线形式需要加以格外关注。如光头光脚的中大阳线和光头光脚的小阳线，以及光头光脚的中大阴线和光头光脚的小阴线（在实行现有停板交易制度下，我们可以将涨跌幅在1.5%内定义为小线形，涨跌幅在1.6%～5%定义为中线形，涨跌幅在5%～10%定义为大线形）。

光头光脚的中大阳线，是多头发起强势进攻的体现，若此时股价处于低位区，出现中大的光头光脚阳线，是股价起稳回升的表现，若得到成交量的配合，则加大了行情起动的概率。但如果缺少成交量的配合，底部出现的中大阳线对于后市行情的走势没有实质性的意义；若光头光脚的中大阳线出现在上升盘整期间，则是多方发起主动的进攻，可短线果断跟进，次日收阳的概率极大。但倘若光头光脚的中大阳线出现在股价大幅扬升之后的高价区域，则应谨慎对待，所谓强弩之末不到巅峰也近在咫尺，无论有无突发性利好或巨量放出，都应落袋为安，持币观望为佳，警惕次日大阴的反转出现。

光头光脚的中大阴线，是空头发起强势进攻体现。但若股价已经历过大幅下跌后，出现放量的光头光脚中大阴线，则极有可能是空头最后的极度打击，下跌行情即将结束的前兆。倘若光头光脚的中大阴线，出现在股价大幅上涨后，意味上涨行情即将终结。在下降盘整阶段出现光头光脚中大阴线，应立即离场。

三、K 线开盘价与收盘价的作用

开盘价和收盘价是判断市场强弱的重要依据。

开盘价是市场多空双方对昨日收盘价及对后市走势评估的体现。股价高开往往预示后市股价会继续上涨，股价低开往往预示后市股价看跌。但事实上，开盘价只是一种试盘行为，多空双方都是在试图通过开盘价测试市场的力量对比。因此，常会出现高开低走，或低开高走现象。一般情况下，股价高开后出现调整走势，下跌不破昨日 K 线的中心值，则后市大概率看涨。跌破昨日 K 线中线值，后市大概率看跌。股价低开后，出现上涨走势，能突破昨日 K 线中心值，则后市看涨概率大。不能突破昨日 K 线中心值，则后市看跌概率大。

收盘价是市场多空争夺结果的体现。它反映出多空力量的强弱。若收盘价大于开盘价，以阳 K 线收盘，则无论今日股价是高开还是低开都意味着当日市场多头占据优势；反之，若收盘低于开盘，无论股价是高开还是低开，都表明空头占据了优势。

总之，开盘价是对此前走势结果的总结，及对未来行情的预判结果。收盘价是对当前市场多空力量对比的结果，是未来行情走势的判断的必要条件。同时，开盘价与昨日 K 线的性质有密切关系，而收盘价则对次日的开盘具有非常重要的作用。

四、K 线的性质及构架形式

易象理论将 K 线中的变化划分为三种——简单与复杂交替、大幅与小幅交替以及阴与阳交替，通过三种交替规律，我们可以在特定情况下预知市场下一步的变化。

（1）简单与复杂交替：简单与复杂体现的是 K 线的运动模式交替过程。我们通过简单复杂交替控制交易节奏。①简单行情：走势明了。在上涨过程中阳线的数量明显多于阴线的数量，阳线的幅度总体大于阴线幅度，收线时为阳线或后一根 K 线不破前一根 K 线最低点；在下跌过程中反之。②复杂行情：走势不明。

阴阳 K 线在数量及幅度上基本均衡，K 线在限定区域内波动。

（2）大与小交替：大幅与小幅体现了 K 线幅度的交替过程。我们在大小交替中寻找进场时机、控制贪欲与恐惧心态。①大幅：一根或连续多根 K 线幅度比周围其他 K 线幅度大，体现其在一定时间区域多空某一方力量变强。②小幅：一根或连续多根 K 线幅度比周围某 1 根或连续多根 K 线幅度小，体现出在一定时间区域多空某一方力量转弱或多空力量均衡。③大小交替规律：大小交替；大（阴阳）—大（阴阳）交替；小（阴阳）—小（阴阳）交替。

（3）阴与阳交替：阴阳交替代表市场方向发生转变。当阴阳交替出现，意味着市场涨跌运动可能出现转折点，可寻找买卖时机。只有在结构位附近发生的 K 线阴阳转化才可能有转势意义。

无为 K 线股理认为每一根 K 线都有自己独立的结构框架，但它最终表现出的结果却往往十分相似或完全相同。因此，这种貌似相同的 K 线，有时其市场含义却完全不同。

无为 K 线股理将 K 线的表现形式分为八种：

（1）一字形：即开盘价与收盘价处于同一价位，且无上下影线。

（2）光头光脚形：开盘价与收盘价分别是 K 线的最高价或最低价。

（3）光头影线形：开盘价或收盘价是最高价，且留有下影线。

（4）光脚影线形：开盘价或收盘价是最低价，且留有上影线。

（5）上下影线形：开盘价和收盘价不是 K 线的最高价或最低价。

（6）十字影线形：开盘价与收盘价处于相同价位，且存在上下影线。

（7）T 字影线形：开盘价与收盘价处于相同价位，且留有下影线。

（8）倒 T 字影线形：开盘价与收盘价处于相同价位，且留有上影线。

以上八种 K 线表现形式，除一字 K 线形以外，其他七种 K 线都是会通过出现多种不同的构架表现出来。

第二节　单一阳 K 线的形成构架及市场含义

一、光头光脚阳线

表现形式：开盘价为全天最低价，收盘价为全天最高价。市场寓意多头极强。后市通常情况下以看多为主。但当股价出现连续上涨后出现放量光头光脚阳线，可能面临短线的调整。

（1）火箭上冲式：开盘后直线上冲至涨停，全天再无价格波动。多头强势构架，后市看多为主。如图 2 - 1 所示。

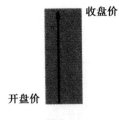

图 2 - 1

股理逻辑：十分强劲，开盘后直线上冲封涨停，表明做多意愿，后市一般情况继续看涨。第二天可顺势买入。但若股价已处于三波浪上涨之后的高位，则意味着行情已近尾声，需要警惕冲高回落。

（2）三波段上冲式：股价开盘后，以三波段结构上冲至涨停，市场寓意多头优势。但当日股价已完成三波浪上攻，短线可能会出现回调。如图 2 - 2 所示。

图 2 - 2

股理逻辑：股价开盘后，多头即发动进攻，第一波攻击后，回调幅度小于攻击波段二分之一，表明空头反击力不强，随后股价直接涨停。表明是多头占据主导，后市继续看涨。

（3）五波段上冲式：股价开盘后，盘中经过五个波段震荡上攻至涨停，如图 2 - 3 所示。

图 2 - 3

股理逻辑：全天多头占据市场主导，空方虽有抵抗，但无力阻挡多头攻势。然而，当日多头已完成两个上攻波浪，后市在走完三波浪上攻后，可能会出现短线的回调。

（4）上冲横盘式：股价开盘后即出现向上攻击，但随后在高位出现横盘震荡走势，临近尾盘股价封上涨停。市场寓意多头控盘力较强，后市看涨，如图 2-4 所示。

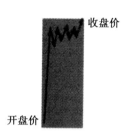

图 2-4

股理逻辑：股价上冲后能维持在高位横盘震荡，说明多头具有较强的控盘能力，高位横盘意在清洗跟风的浮筹，同时，吸引后来者作为后市上攻的基石。

（5）横盘上冲式：股价开盘后，在开盘价之上做低位横盘震荡，临近尾盘上冲至涨停位。市场寓意多头虽然有一定控盘能力，但可能资金上存在一些问题，尾盘拉涨停或与消息面变化有关，或是自身资金面不足，如图 2-5 所示。

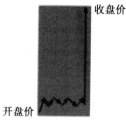

图 2-5

股理逻辑：股价开盘后，并没出现上攻，但维持在开盘价之上横盘整理，说明多头具有控盘力。尾盘上攻至涨停，可能出于两方面原因：一是多头资金难以维持高位震荡，尾盘拉升即可脱离成本获利，二是由于消息面的变化，改变了原有操盘计划。后市应注意观察。

（6）上斜冲击式：开盘后股价以一个相对稳定的斜率向上冲击至涨停。说明市场买盘相当稳定，人气一致看多，如图 2-6 所示。

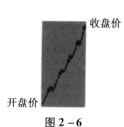

图 2-6

股理逻辑：股价开盘后稳步上涨，表明市场做多心态较为平稳，市场的多头无须发力即可推动股价稳步上涨。

（7）多波段震荡式：股价开盘后，价格在开盘价上方反复多波段震荡，直至尾盘涨停。市场寓意尽管全天走势震荡向上，但随着股价的上涨，市场筹码已出现松动，多空分歧加大，如图2-7所示。

图2-7

股理逻辑：全天多空争夺激烈，仍然最后股价冲上涨停。但多头优势并不明显，市场筹码已出现松动。尾市涨停的不确定性因素较多，后市需要进一步观察。

二、上影线光脚阳线

表现形式：开盘为全天最低价，股呈现冲高回落，但收盘价明显高于开盘价。K线性质属于强线，通常情况下后市以看多为主。

（1）上冲回落构架：股价开盘即上冲至全天最高价，然后缓慢回落，收于开盘价之上。市场含义多头占据优势，但高位抛压较大，如图2-8所示。

图2-8

股理逻辑：开盘即上冲，显示多头攻击意愿较强。此时若处于低位，可视为多头试探性攻击，后市如突破上影则是较强的买入信号。若股价已处于大幅上涨后，则需要警惕冲高回落。

（2）两波浪上升构架：开盘股价呈现波浪式上冲，最终以两个上升波浪构架收盘。市场寓意短周期上升趋势形成，后市继续上冲概率较大，如图2－9所示。

图2－9

股理逻辑：股价波浪式上涨，显示市场逢低买入意愿较强，收盘若收于构架转折位之上，则意味市场空方打压力较弱，后市以看涨为主。

（3）三波浪上升构架：股价全天呈现出三波浪上冲走势，市场多头占优势。但由于短线已完成三个上涨波浪，后市出现变数的概率加大，如图2－10所示。

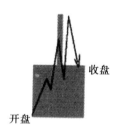

图2－10

股理逻辑：尽管股价以阳线收盘，但全天股价运行出现三波浪上攻态势，后市的短线攻击力或将出现弱化。短线上应以观望为主。

（4）底位横盘上冲反身构架：股价开盘后，价格在开盘价上方形成横盘震荡，随后出现快速上升，但冲高后遇阻回落，形成向下的反身走势。市场寓意回落不出新低，表明空方下杀力有限，逢低买入，如图2－11所示。

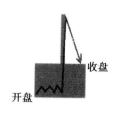

图2－11

股理逻辑：股价开盘出现横盘走势，说明多头控盘较稳定。上攻受阻回落说明上方压力较大。但由于股价仍处于上升波浪，若此时股价处于相对低位，后市向上的概率较大。逢低买入。

（5）上冲横盘下杀构架：股价开盘后，快速上冲并在高位形成横盘震荡整理。但随后出现跳水现象。说明市场可能出现意外的消息变化，改变了原有的操盘计划。若此时股价处于高位则有可能是借高位横盘进行诱多式出货，如图2-12所示。

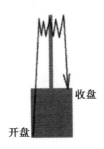

图2-12

股理逻辑：股价开盘后快速上冲，意在抬高市场成本。若此时股价处于低位，高位横盘后快速下杀，可能是主力震仓行为。但若股价已处于高位，则可能是诱多后的下杀。

（6）宽幅震荡式构架：股价开盘后，在开盘价之上展开宽幅震荡。最终以上影阳结束。说明市场的分歧正在加大。后市不确定性较多，观望为主，如图2-13所示。

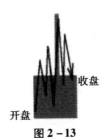

图2-13

股理逻辑：股价虽然全天在开盘价上方运行，但期间震荡幅度及频率增大，说明市场分歧加大。此类结构的出现多为市场处于整理阶段，后市运行方向不明确，个股上缺乏主力关照，股价的波动多是小资金的涌动造成。以观望为主。

（7）上下反身构架：股价开盘后即行上冲之势，高位遇阻重新打回到开盘价附近，随后再次拉升，但却不能走出新高。表明市场多空力量相当，短线上通常难以有所表现，后市出现横盘整理的概率较大。观望为主，如图2-14所示。

图 2 – 14

股理逻辑：股价开盘上冲后，能重新杀回到开盘价附近，说明多空力量相当，再度反身向上不能走出新高，表明市场做多意愿有所减退。若此时股价处于下降趋势中，则后市看跌的概率大于上涨概率。观望为主。

三、下影光头阳线

下影光头阳线，通常表示多头攻击力较强，后市以看涨为主。但是，如果股价已处于高位，下影光头阳往往是主力诱多的工具。其形成构架如下：

（1）下杀反身构架：股价开盘即出现快速下杀，随后震荡向上攻击，以最高价收盘。此种走势构架若出现阶段高位，往往是即将调整的信号。但要出现在低位，则是明确的止跌信号，如图 2 – 15 所示。

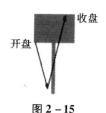

图 2 – 15

股理逻辑：若股价处于相对低，股价开盘后即快速下杀，显示空头力量较强，但很快又被多方拉起，说明此前的下杀只是对底位的再次试探，而快速的拉起意在抬高市场成本，为后市拉升做准备。但若股价处于高位，下杀则是为拉高诱多做铺垫。

（2）上冲下杀反身构架：表现形式是股价开盘后先行向上攻击，随后向下跌破开盘价，之后再次反身向上并以全天最高价收盘。市场含义解释为多头强势结构。后市应注意观察当日开盘价是否能再次被跌破，若不能被跌破，则意味着强势结构确立。后市看涨，如图 2 – 16 所示。

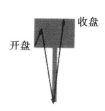

图 2 – 16

股理逻辑：股价上冲后跌破开盘价，意味着市场空头并不甘心放弃抵抗，但无奈下方承接盘强大，股价再次被拉起，并走出新高，表明市场做多的意愿强烈。

（3）下杀横盘反身构架：股价开盘后快速下杀，并在低位形成横盘走势。但临近尾盘突然拉起，以全天最高价收盘。此类走势多为消息面出现变化所致。后市应注意关注消息的变化，如图 2－17 所示。

图 2－17

股理逻辑：开盘即跌破开盘价，显示市场做空意愿较强，低位横盘表明市场多头并没放弃抵抗，技术上应存在多头不死，下跌难止。但由于消息面出现变化，市场出现空翻多。若此时股价处于相对低位，可适当跟进。但若处于相对高位，则应保持谨慎，观望为宜。

（4）探低震荡爬坡构架：股价开盘震荡下行，随后又缓慢拉升呈现爬坡状态。此类构架一般多为洗盘性质，后市存在诸多不确定性。以观望为宜，如图 2－18 所示。

图 2－18

股理逻辑：开盘价后股价缓慢震荡下行，说明尽管空头占据优势，但市场存在惜售情结，空方的下杀动能不强。股价能再次拉起，说明多方仍存在推动行情的能力。此时，若低位出现大的承接盘，往往会引发短线抄底盘的介入。但此类走势构架，后市往往带有诸多不确定性。应注意当时股价所处的位置。

（5）双向打板构架：股价开盘后，出现下杀至跌停板。随后股价拉升至涨停板。此类构架极少见。出现此类构架，大致由两个因素造成：一是主力刻意震仓洗盘；二是消息面发生改变。操作上建议观望，如图 2 - 19 所示。

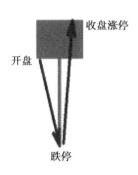

图 2 - 19

股理逻辑：股价出现跌停板，表明做空意愿强烈，正常情况下当日难以出现反身结构。出现反身打板结构必然是市场消息面出现变化。

四、上下影实体阳 K 线

这是一种最为常见的 K 线。它体现出多空双方当日的极致的打击位，对后市的买卖方向有着较高的提示作用。一般而言，上影线越长意味着多头的攻击力越强，下影线越长意味着空头攻击力越强。实体部分代表多空双方的主战区域。上下影阳 K 线的寓意是双方经过一天的争夺，最终多方将主战区域定格在更靠近空方的防守区域，多头占据优势。

（1）下杀反身回撤构架：股价开盘后出现下跌走势，随后反身向上走出日内高点，再次出现小幅回撤，收于开盘价之上。从 K 线结构上看属于强势构架，后市理应看涨。但这种 K 线构架多出现在行情的中继阶段，因此，若此时股价处于下降趋势之中，往往是逢高卖出时机，后市继续看跌，如图 2 - 20 所示。

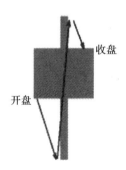

图 2 - 20

股理逻辑：开盘后下杀往往与昨日行情走势有关，随后反身向上表明当日多头占据主导。冲高后的回撤反映出市场仍存在着逢高减持的意愿。此类构架寓意当日多空主力都不愿意发力，行情的走向更多的是任由散户或个别大户主导。后以观望为主。

（2）上冲下杀反身构架：股价开盘后快速向上冲高，但随后遇阻回落，跌破开盘价，之后再次拉起以阳线收盘。此类构架K线往往会出现行情末端。是原有行情即将结束的前兆信号，如图2-21所示。

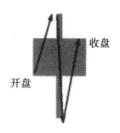

图 2-21

股理逻辑：此K线仍虽然收阳，但实际上是属于空头占优势性质。它反映出多头能向上拉升，但空头也同样可以打压下去，并让股价不再走出当日高点。后市需要根据K线所处的位置谨慎决定买卖。

五、T字线构架

T字线构架开盘价与收盘价相同或非常接近，并带有下影线。它的市场含义通常理解为下方具有较强的支撑，股价属于强势结构。但实际情况中，此类K线多数是一种中继性质，后市股价的走势带有不确定性。

（1）下杀反身构架：股价开盘后随即出现下杀，随后在低位遇到支撑出现强势反弹，至开盘附近，并以与开盘价相同或非常接近的价格收盘。它属于全天多空力量相对平衡，空方具有打击力，多方也具有同样的反击力，如图2-22所示。

图 2-22

股理逻辑：空方的下杀并不是因为多方的力量弱小，而是多方无意抗争，试看市场的实际抛压力究竟有多大。而多方的反击也并不一定是空方无力的表现，或是对市场低位承接力的一种试探。因此，后市的走势存在不确定性较大。

（2）横盘下杀反身构架：股价开盘后出现横盘走势，盘中突然出现跳水走势。但随后被承接盘拉起至开盘位。此类走势多为一种震仓手法，或有计划地为关联人提供低价买入的机会，如图2-23所示。

图2-23

（3）对称式三波段下杀反身构架：股价开盘后出现三波段下跌，之后，出现同样的三波段反身向上攻击，直至开盘。此类走势比较少见，它多出现在股价经过大幅调整之后。属于试盘性质，如图2-24所示。

图2-24

股理逻辑：股价采取三波段下杀，反映出盘中多空争夺较为激烈。随后的反弹意味着空方力量出现了弱化。后市判断在望转强。

六、倒T字构架

股价开盘后向上攻击，随后在高位遇阻回落，收于开盘价位置，开成倒T字构架。此类构架在股价处于波段低位时多为多头尝试性攻击。而当股价处于波段高位时往往是即将回落的信号。

（1）上冲回落式构架：股价开盘后即行上冲，但随后遇阻回落，收于开盘位置。该构架由于股价所处的位置不同，市场含义会有较大的差别。判断性质应注意观察所在位置，如图2-25所示。

图2-25

股理逻辑：股价上冲遇阻，多为上方压力较大，但若处于相对低位，上冲的目的或更多的是一种试探性质。

（2）上冲横盘反身构架：股价开盘后上冲，并在高位走出横盘。但随后出现跳水或波段式下杀回落，至开盘价附近收阳。此种情况出现多为消息面出现变化，影响了主力的操盘计划。后市应注意消息面的影响力度，如图 2－26 所示。

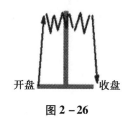

图 2－26

股理逻辑：股价开盘后上冲，并能在高位形成横盘，说明主头控盘力较强。后市应以看多为主。但随后出现大幅回落，原因有两种：一是消息发生变化；二是由于内部意外变故。但操作上无论什么原因，都应第一时间减仓。

七、十字构架阳线

此 K 线构架表现为 K 线的实体非常小，开盘价与收盘价之间差往往仅相差 1 分钱。它属于多空相对平衡的性质。市场寓意多为中继或变盘信号。

（1）上冲下杀反身构架：股价开盘后出现上冲走势，但随后遇阻回落，跌破当日开盘价走出低点，再次受到买入力量的推动，股价收在微高于开盘价的位置上。市场寓意，股价围绕开盘价上下震荡，说明多空争夺激烈，双方势均力敌。若此时股价处于相对低位，价格的走势或将出现向上反转。反之，若处于高位则有可能出现向下反转，如图 2－27 所示。

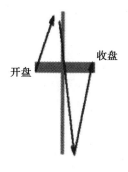

图 2－27

股理逻辑：股价围绕开盘价上下震荡，最终以阳十字星收盘，显示多头稍占上风。若此时股价处于大幅调整之后，则价格走势或将出现反转，应密切关注。

（2）下杀上冲反身构架：开盘后股价出现下跌走势，但随后在低位出现强力买入承接盘，股价再次被推高至开盘价上方。随后出现回落收于稍高于开盘价之上。市场寓意多头占据优势，通常是一种看多信号，如图2-28所示。

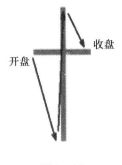

图 2-28

股理逻辑：股价下杀后能够走出新的高点，回落无新低，表明空头无力，多头占据优势，后市看多。

八、一字涨停

一字涨停是一种极强的表现形式。多数情况下后市以做多为主。但连续多日一字涨停后，不宜追买。

第三节　单一阴K线形成的构架及市场含义

一、光头光脚阴K线

光头光脚阴K线是指开盘价即为最高价，收盘价即为最低价的阴K线。它是一种股价走势极弱的表现形式。它以两种表现形式出现：一种是有明显实体的阴K线；另一种是"一字结构"阴K线。光头光脚阴K线在实际盘口中会由多种构架形成。

（1）开盘跳水式构架：股价开盘后直线下跌直至跌停价位。此是一种极弱的表现，全天空方占据绝对优势，后市一般在短期内难以转为强势，应极早卖出手中股票，如图2-29所示。

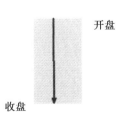

图 2-29

股理逻辑：开盘直线下跌直至跌停，说明市场抛压非常重。股价出现跌停，多为基本面发生了变化。技术上的跌停在市场中也常有发生，通常是主力通过凶狠打压方式起到震仓洗盘的目的。若不存在基本面出现利空消息，则应关注后市的止跌信号的出现。

（2）滑梯式下杀构架：股价开盘后以一个近似相同的斜率向下运行直至收盘。此是一种空头极强的表现形式，它寓意空头的控盘力非常强，牢牢地掌握股价的波动幅度，有序地向既定目标运行。后市仍看跌，如图 2 - 30 所示。

图 2 - 30

股理逻辑：股价能以一个稳定的斜率向下运行，说明空头具有较强的控盘力，且这种弱势结构难以在短期内改变，操作上应及时离场。

（3）三波段下杀式构架：开盘后股价即向下运行，中途虽遇多头反击，最终仍稳健地向下运行。它表明空头主导市场，多方只能偶尔表现一下，并无力改变行情的运行方向。后市场依旧看跌，如图 2 - 31 所示。

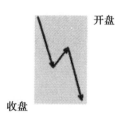

图 2 - 31

股理逻辑：股价开盘低走，反弹不上开盘价，意味着当日空头掌控了股价的走势方向。此种构架暗示着短期市场已为空头控制，后市若反弹不能突破波段转折位置，则意味着后市仍有跌势，操作上应及早离场。

（4）五波段下杀构架：股价开盘后出现了明显的五波段下杀构架，尽管全天以最低价收盘，但短线的空头杀跌已临近尾声。后市可能走出逐渐起稳的止跌走势。操作上不宜再盲目割肉出局，如图 2 - 32 所示。

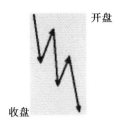

图 2-32

股理逻辑：股价经过连续的三波浪结构的下跌，市场的阻力得到相应的释放。三波浪下跌后股价的运行已临近变数结构点，后市出现反弹的概率加大。此时，应注意观察反弹能否突破下杀构架的转折位置，若能突破则股价将出现止跌信号。行情或将发生转机。

（5）横盘式下杀构架：股价在开盘后并未出现杀跌的走势，只是在开盘价下方做横向运动。午盘后突破向下跳水，以最低价收盘。此种走势多数是因消息面上出现意外变化，市场主力不惜成本抛售手中股票，造成突然的变盘走势，如图 2-33 所示。

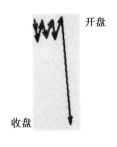

图 2-33

股理逻辑：股价横盘运行表明多空双方都无意发动行情。突破的跳水必是由意外原因造成的。此时，操作上一定要不问原因，争取第一时间卖出股票。

二、下影光头阴 K 线

下影光头阴 K 线表现为开盘价为全天最高价。开盘股价随即下行，在低位形成向上的反弹，但反弹并不能收复开盘位置，形成有明显实体的带有下影线的阴 K 线。此种 K 线通常被认为是多头反击性质。但实际上多数情况是中继性质 K 线。

（1）下杀反身式构架：开盘后股价随即展开下杀，在低位受到承接盘的抵制，股价出现回升。但反弹并不能上冲到开盘价上方，终以阴线收盘，形成下影光头阴 K 线。市场寓意空方占据主导地位，下影线并不能说明空头无力继续下杀，而反弹不能收复失地已说明多头力量较弱，如图 2 - 34 所示。

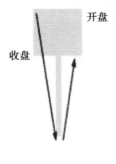

图 2 - 34

股理逻辑：开盘价是多空竞价的结果，说明此时多空力量近于平衡。然而，开盘后随即出现下杀，说明多头已失去了抵抗力。而低位的反弹或将只是空头打击的间歇，反弹不能收复失地，后市依然以看空为主。因此，操作上应注意下影光头阴 K 线的高点后市能否被突破，若不能突破，此线属于下跌中继性质。

（2）下杀双反身式构架：股价开盘后出现下跌走势，但随后盘中出现 V 形反转走势，股价再次接近开盘价。但最终无力突破开盘价，再次回落，以阴线收盘，如图 2 - 35 所示。

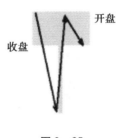

图 2 - 35

股理逻辑：股价开盘后出现下杀后的反身，说明市场的多头依旧较强，股价再次回落不能杀出低点。表明后市有望出现由空转多走势。应注意观察后市能否走出双日新高。

（3）下杀横盘反身构架：股价开盘后出现大幅下跌，并在低位出现横盘走势。但临近尾盘突然出现快速上拉现象，一举收复大部分失地。此种构架走势多为市场出现利好。应注意观察消息面变化，如图 2 - 36 所示。

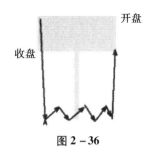

图 2-36

股理逻辑：开盘即杀，且能在低位形成横盘走势，说明空头控盘能力较强。尾盘拉起多为消息面出现变化。

三、上影光脚阴 K 线

上影光脚阴 K 线，而开盘股价上下震荡，最终以全天最低价收盘，它通常属于弱线构架性质。股价上下震荡说明全天多空争夺激烈，而收最低价阴线收盘预示多头以失败告终。

（1）上冲反身构架：股价开盘后先行向上攻击，但随后出现震荡下跌走势，最终以最低价收盘。市场含义，多头虽然有意向上冲击，但市场抛压较重，股价无奈步步回落。后市仍以看空为主，如图 2-37 所示。

图 2-37

股理逻辑：开盘上攻，本意做多，但市场卖出盘较重，多头无力承接，只得任由股价下跌。短线上多头难以形成反击之事。操作上以观望为主。

（2）下杀反身回落构架：开盘后股价出现下跌走势，但随后遇到承接盘被拉起走出日内高点。再次遇到强大抛压盘出现回落，收于全天最低价。市场寓意空方占据优势，短线市场逢高卖出愿望强烈，如图 2-38 所示。

图 2-38

股理逻辑：股价能形成上冲，说明多头尚存做多愿望。但逢高卖盘较大，多头无力承接。只得放弃抵抗，任由卖盘释放。

（3）上冲横盘式下杀构架：开盘上攻至高位，出现横盘震荡整理。但随后出现跳水现象，股价以全天最低价收盘。市场本意想做多，股价能维持在高位横盘说明多头控盘力较强。后市出现急跌，多为消息面出现变化，造成多翻空，如图 2 - 39 所示。

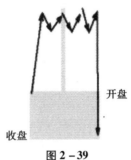

图 2 - 39

股理逻辑：股价上冲在高位横盘意在做多，但市场环境突然发生变化，主力顺势由多翻空，造成股价大幅下跌。

四、上下影线阴 K 线

K 线带上下影线，以阴线收盘。寓意市场多空争夺激烈。但最终以空头占据优势收盘。后市在消息没有变化的前提市场仍会以震荡为主。

（1）上冲下杀反身构架：开盘后股价先向上冲击，随后遇阻回落跌破开盘价，在低位被承接盘托起，但无力重回开盘价之上，最终以阴线收盘。市场寓意空头占优，如图 2 - 40 所示。

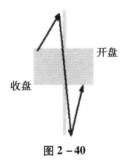

图 2 - 40

股理逻辑：开盘上冲遇阻，回杀跌破开盘价，多头失败。低位反弹不能收复在开盘价之上，逢低买盘不强，多头无力。后市仍看跌为主。

（2）下杀反身回落构架：开盘后股价向下运行，低位受到多头买盘的承接，股价上升突破开盘价。但终究力量有限，再次回落到开盘价下方收盘。此构架预示着空方力量出现了减弱迹象。后市有望出现多空转换，如图 2 - 41 所示。

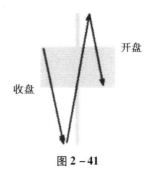

图 2 – 41

股理逻辑：股价开盘下杀后，能走出高点，说明多头力量较强，再度回落不出新低表明空方力量减弱。后市有望出现上攻行情。

五、T 字构架阴 K 线

T 字构架是一种典型的探低回升结构。它表明全天尽管空头占据优势地位，但多头已经有能力收复绝大部分失地，未来行情或将出现多空转换。

（1）下杀反身 T 字构架：股价开盘后出现震荡下杀，在低位受到主动性买入盘的承接，股价出现回升，直至开盘价附近，虽然最终没能突破开盘价，但已临近开盘价，收复绝大部分失地。后市可能形成多空转换，如图 2 – 42 所示。

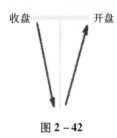

图 2 – 42

股理逻辑：股价探低回升，收于开盘价位置，尽管没能对开盘形成突破，但也足以说明多头已经具备了反击的能力。若此时股价处于长期调整之后，则后市形成多空转换的概率非常大。后市应注意观察对 T 字线的突破。

（2）下杀横盘 T 字构架：股价开盘后出现下杀，并在低位形成横盘走势。午盘后突然向上拉升，直至开盘价位收。此类走势多为受到意外消息的影响所致，后市走势带有不确定性，如图 2 – 43 所示。

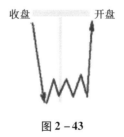

图 2 – 43

股理逻辑：股价下杀，且能在低位保持横盘，表明空头控盘能力较强。后市理应继续看空。但尾市股价快速拉升，说明有新的情况出现，后市可能会出现不确定性变化。操作上应谨慎观望。

六、倒 T 字阴 K 线构架

该构架属于冲高回落的弱势性质，意味着在空头强势的市场中多头仍有能力发起冲击。但 T 字构架阴线往往是行情的刹车性质 K 线，它的出现意味着原有行情即将结束。

（1）上冲反身构架：股价开盘后，向上发起冲击，随后在高位遇阻回落，收于开盘之下。该构架若出现在股价大幅调整之后往往是行情即将止跌的信号。但若在股价处于上涨之后，则意味着上升即将结束，如图 2－44 所示。

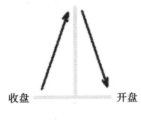

图 2－44

股理逻辑：开盘上冲意味市场意愿做多，但冲高后市场抛压加大，多头无力承接，股价出现回落，随后跌破开盘价，说明市场获利了结心愿较大。若此时股价处于上升行情中，则意味上升行情已进入尾声。而若股价处于下降行情中，则可能是市场多空分歧加大，多头开始尝试性反击。

（2）上冲横盘下杀构架：开盘后上冲出现横盘整理，说明多头有较好的控盘力。午后股价突然下杀，多为消息面发生变化，如图 2－45 所示。

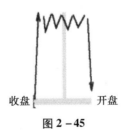

图 2－45

股理逻辑：股价上冲后，能维持横盘说明多头有一定的控盘能力，后市应继续看多。但由于市场中其他不确定性因素导致股价再次回落至开盘价之下，说明市场的多头力量不足以支持股价上涨，后市观望为主。

七、十字星阴 K 线构架

十字构架是多空相对平衡的体现，尽管阴十字意味空方稍占优势，但已是对现有行情的一种警示，即行情已进入收尾阶段。

（1）上冲下杀反身构架：开盘后股价出现上冲，随后受到空方打压股价回到开盘价之下。但最终股价收在临近开盘价之下的位置。表明市场多空力量相对平衡，且争夺激烈。后高能否改变攻击方向，取决于对十字构架的突破，如图 2－46 所示。

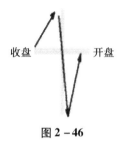

图 2－46

股理逻辑：股价上冲下杀表明多空势均力敌。后市出现的变数带有不确定性。操作上应注意突破方向的选择。

（2）下杀上冲反身构架：股价先行向下杀跌，但随后多头买入盘托起，突破开盘价走出新高点，之后虽出现回落，但却没有出现低点。表明多头占优势，后市上涨概率较大，如图 2－47 所示。

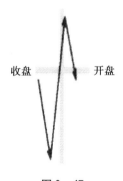

图 2－47

股理逻辑：股价下杀后，能被拉起并走出日内高点，说明多头力量较强。随后出现回落，虽然收于开盘价下方，但并没出现新低，表明空头打击力有限，后市谨慎看多。

八、一字跌停构架

该架构是一种极弱的表现形式，后市依然看空。

第三章　K线组合的构架及市场寓意

K线组合是由两根及两根以上的K线所组合成价格变化的表现形式。它与单一K线相比更能说明价格强弱的变化，及未来攻击方向的确定。

无为K线股理认为，K线组合是股价运行的技术形态及趋势方向的基础构架。即没有K线组合构架就不会出现股价运行的技术形态及趋势方向。K线组合构架的强弱，决定其所形成的技术形态的强弱，及未来的趋势运行的力度。

孙子曰：兵者，国之大事，死生之地，存亡之道，不可不察也。

无为K线股理认为：K线组合是股市博弈之大事，关乎生存之道，因此，是一个非常重要的环节。孙子曰：故经之以五事，校之以计，而索其情：一曰道，二曰天，三曰地，四曰将，五曰法。

在股市中：

道，即股理，不明股理，难以产生正确的理念，信仰动摇，惧怕市场。

天，即势，顺势而为，才可成为市场的强者。

地，即识起伏，市场价格总是在波动中运行，不识起伏难知生死。

将，即用兵之道，在于技法娴熟，出手果断。

法，即执法度，当为则为，不当为则不为。

第一节　阳阴组合构架及市场寓意

阳阴组合构架即阳K线在前，阴K线在阳线之后。后形成的是阳阴转换构架。它通常表示多头的攻击受到空头的阻击。阳阴组合构架可分为七种表现形式。

一、跳空高开阴组合构架

在阳线之后出现向上跳空高开且当日并不回补缺口的阴线。此种阳阴组合结构市场寓意为多头攻击受阻。若股价已处于大幅上涨之后，则股价出现调整的概率极大，如图3-1所示。

股理逻辑：股价承接前一天阳K线，出现跳空高开，逻辑上是继续向上收阳。但股价却出现冲高回落，虽然没能回补当日缺口，已显示出多头力量弱化。

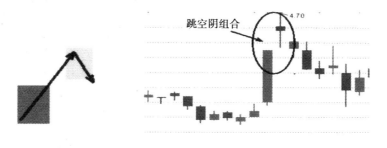

图 3 - 1

二、高开回落嵌入组合构架

昨日阳线收盘，今日股价出现高开现象。但随后股价出现高开低走现象，收盘以阴线报收，当日阴 K 线实体嵌入前一日阳 K 线实体内。市场寓意空头当日占据了主导地位。股价高开低走，且能嵌入到前一阳线实体内，说明市场空头打击力非常强，如图 3 - 2 所示。

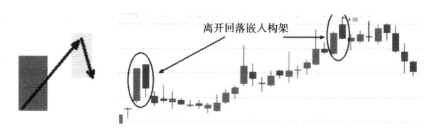

图 3 - 2

股理逻辑：股高开低走，并跌破前一阳线的收盘价，嵌入前一阳线实体内，说明多头的抵抗力极弱。后市应以看空为主。

三、阳阴相融组合构架

阳阴相融构架是一种前一阳线实体与后一阴线实体绝大部分相互融合在一起。其市场寓意多空双方力量对比处于相对平衡状态。但空头稍占优势。此多为行情即将发生转变的前兆信号，如图 3 - 3 所示。

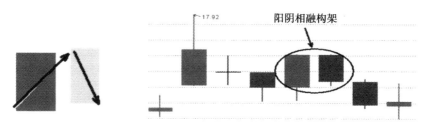

图 3 - 3

股理逻辑：阴线跌入阳线实体大部分，说明空头的力量正在增强。若此时股价处于高位，则后市出现调整的概率较大，谨慎观望。

四、阳孕阴组合构架

当日阴线整体完全被前一阳线实体所包容。市场寓意空头的力量较弱，股价的波动区间完全被多头所掌控。后市上涨的概率非常大，如图 3 - 4 所示。

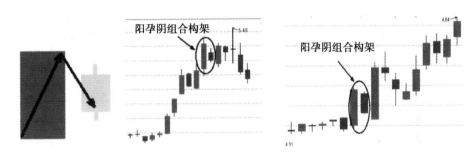

图 3 - 4

五、低开下杀阴组合构架

昨日股价以阳线收盘，今日低开低走现象，股价跌破前一日阳线实体，最终以阴线收盘。市场寓意，股价由强转弱，原有的上涨行情或将结束。短线应适时卖出股票，如图 3 - 5 所示。

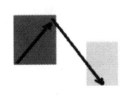
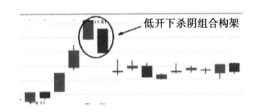

图 3 - 5

股理逻辑：阳后低开，说明多空力量对比发生了转变。股价低开后低走，进一步证实多头力量减弱，行情出现下跌的概率加大。

六、跳空低开组合构架

在昨日收阳的状态下，股价出现向下跳空低开，并且当天不能回补向下跳空的缺口，最终以阴线收盘。市场寓意多空发生了重大的转变，后市以看空为主，如图 3 - 6 所示。

图 3 - 6

股理逻辑：在此前股价收阳线的情况下，股价出现向下跳空低，且低开低走，当日不回补下向跳空缺口。预示市场发生了重大变化，短线看空，应及时卖出股票。

七、阳阴覆盖组合构架

阳阴覆盖构架即当日股价开于昨日阳线的最高价之上，收盘却收于昨日阳线最低点之下，K 线将昨日阳线整体覆盖。市场寓意当日走势处于极弱状态。后市依然以看空为主，如图 3 - 7 所示。

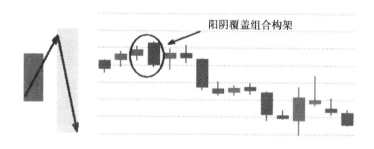

图 3 - 7

第二节　阴阳组合构架及市场寓意

阴阳组合构架即阴线在前阳线在后的一种组合形式。市场寓意多头反击。若此组合出现在股价大幅调整之后，股价的调整可能已临近尾声。阴阳组合构架同样具有七种表现形式。

一、跳空高开阳组合构架

前日股价以阴线收盘，今日股价出现跳空高开现象，且全天不回补缺口，以阳线收盘。市场寓意，多头强势，后市以看多为主，逢低买入，如图 3 - 8 所示。

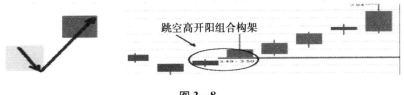

图 3 - 8

股理逻辑：此前股价收阴意味空头占优势。但随后股价出现跳空高开高走，说明市场多空发生了重大变化，行情或因此出现反转。后高看多。

二、高开上冲阳组合构架

股价开在昨日阴线收盘价上方，随后向上发起冲击，最终以阳线收盘。市场寓意多头占据优势，股价出现向上反转，后市以看多为主，如图 3 - 9 所示。

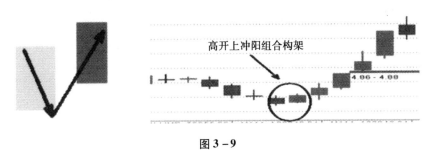

图 3 - 9

股理逻辑：股价在昨日阴线的基础上出现高开高走，说明多空出现了转换，市场由空方优势转变为多头优势。后市应继续看多。

三、阴阳相融组合构架

阴阳相融组合构架是一种向上的反身走势。后面的阳线实体能与此前的阴线实体的绝大部分重合，说明多头已具有一定的反击能力。后市看涨的概率较大，如图 3 - 10 所示。

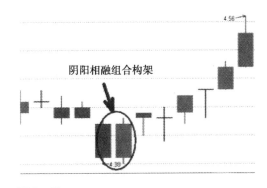

图 3 - 10

股理逻辑：阳线实体能嵌入此前阴线实体，且绝大部分与阴线实体重合，表明多头的反击力较大。若此时股价处于一个相对低位，后市出现上涨的概率较大，看多为主。

四、阴阳嵌入组合构架

阴阳嵌入组合表现为股价低开后，震荡上行。收盘时当日的阳K线实体已能深入到前一阴K线实体的二分之一左右。市场寓意，股价有探低反弹之意，多头已出现尝试性上攻，具有空头点刹车之意。后市若不出现新的低点，行情将有望震荡上行，如图3-11所示。

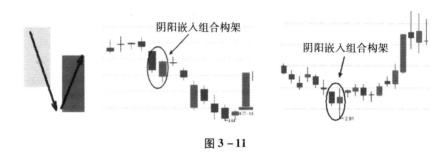

图 3-11

股理逻辑：股价经历下跌之后，下杀力量减弱，阳线能嵌入阴线实体二分之一左右，说明市场已出现做多抄底意愿。

五、跳空低开阳组合构架

股价向下跳空低开，当日并不能回补跳空缺口，但却能以阳线收盘，与此前阴线构成跳空低开阴阳组合。市场寓意，股价跳空低开，表示市场依然处于空头主导。但却不能形成低开低走，表明空头打击力已到了强弩之末，后市股价有望出现止跌，如图3-12所示。

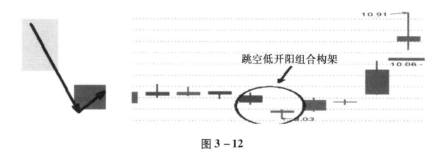

图 3-12

股理逻辑：股价跳空低开，本应以阴线收盘，但却以阳线收盘。说明空头的力量已出现衰竭，后市止跌概率加大。谨慎看多。

六、阴孕阳组合构架

昨日 K 线以阴线收盘，今日股价开盘处于阴 K 线实体之内。全天股价运行于前阴 K 线实体之内。市场寓意，股价的运行格局或将出现转变。若股价处于低位则可能出现向上的反转。但若是中继阶段则后市行情可能出现加速状态，如图 3－13 所示。

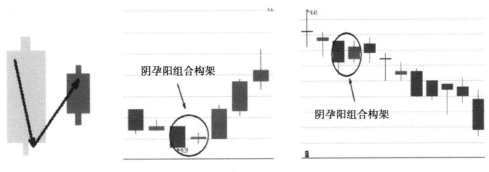

图 3－13

股理逻辑：股价高开，表明意在做多，但却不能突破阴线的压制，说明多头力量还不够强。后市的变化主要取决于股价当前的位置。

七、阴阳包容组合构架

阴阳包容组合也可称为阴阳覆盖组合，即后面的阳线将之前的阴线整体全部覆盖。属于多头反击性质。后市有望继续走强，如图 3－14 所示。

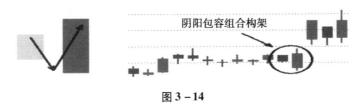

图 3－14

股理逻辑：股价低开高走，将此前阴线整体覆盖，说明市场做多意愿较强。后市应继续看多。

第三节 多头攻击组合构架

攻击组合 K 线构架是指连续同性质的 K 线组合构架。它分为多头攻击组合和空头攻击组合。从组合力度上又分为双线构架与多线构架两种。

一、双线多头攻击组合构架

双阳线多头攻击组合是指在阴 K 线后，出现的由两根阳线组合成的向上攻击构架。双阳组合意味着多头可以形成连续性的攻击态势。通常寓意着短期市场处于多头主导，后市若遇回调不能打破双阳组合的底位，反身再次突破双阳组合顶则仍以做多为主。双阳组合表现形式有以下几种。

（一）高跳双阳组合构架

股价在前一日收阳线的基础上，今日继续高开高走，不回补当日向上的跳空缺口。寓意着股价运行处于极强的状态。此时股价处于大幅调整中。此种组合将是股价运行方向出现反转的极强信号，后市逢低买入。但如若处于高位，则极有可能是诱多出货信号，如图 3 – 15 所示。

图 3 – 15

股理逻辑：当股价处于低位，出现连续阳线上攻，说明多头已有能力形成反击之势。后市看涨。当股价处于相对高位，出现高跳双阳表明市场多头已出现急躁情绪，若此时再出现放量现象，则意味着筹码在高位出现松动，股价调整的风险加大。

（二）高开双阳组合构架

股在阳线的基础上再度高开，但很快回补掉高开留下的缺口，随后再次上攻，终以阳线收盘。市场寓意，股价高开意味市场主动买入性较强。回补缺口可能是多头主动性的回撤试探，如图 3 – 16 所示。

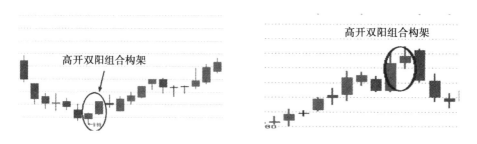

图 3 – 16

股理逻辑：股价调整后出现阴K线后双阳攻击组合，意味空头力量减弱，多头力量增强，后市调整若不破双阳组合，应择机买入。当股价出现一定幅度上涨之后，再次出现阴后双阳，则往往具有不确定性。此时应注意观察波段的结构，若双阳组合处于波段的第五阶段，则需要股价出现调整。观望为宜。

二、多线多头攻击组合构架

多线多头攻击组合是指在阴线之后出现的连续三根以上的阳线组合。它意味着市场已完全处于多头控制之下。后市若股价出现调整走势，通常是逢低买入的机会。

（一）三阳组合攻击构架

三阳组合攻击构架表现为连续的三根阳K线的低点也不断抬高，阳K线的高点也不断抬高。市场寓意：市场主动性的买入意愿非常强烈，如图3-17所示。

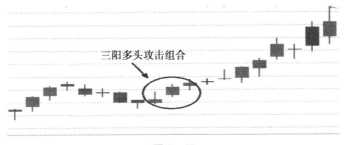

图3-17

股理逻辑：股价经过连续下跌后，能出现连续的向上攻击阳线组合。说明空头的打击力已基本宣告结束，市场将由空头转为多头，股价后市应以震荡向上为主，逢低买入是操作首选。

（二）连续多阳组合攻击构架

K线表现形式上出现多根向上连续攻击阳线。市场寓意多头力量非常强大。但由于多头连续上攻多日，造成市场的获利盘较大，短线股价面临的调整压力也在加大。操作上已不宜追高买入，如图3-18所示。

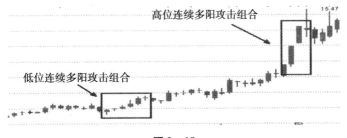

图3-18

股理逻辑：连续向上的攻击阳线组合，表明市场已被多方所掌控。但操作上不宜追高买入，若遇回调不破组合攻击阳的二分之一位，出现止跌信号即时买入。但对处于高位置的连续组合攻击阳应保持谨慎。

第四节　空头攻击组合构架

空头组合攻击构架是指在阳K线之后出现的连续两根以上的阴线组合。它意味着市场将由多头市场转变为空头市场。后市操作以看空为主。空头组合的表现形式如下：

一、跳空双阴组合攻击构架

即在此前收阳的基础上，K线连续两天以阴线收盘，且第二根阴线出现向下跳空低开低走，不回补当缺口的现象。此组合为空头极强的表示。后市应以看空为主，如图3-19所示。

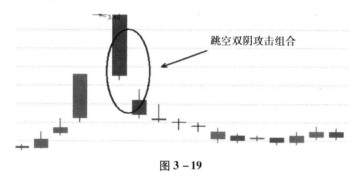

图3-19

股理逻辑：股价出连续的阴线已预示空头占据了上风，跳空向下攻击表明空头做空意愿非常坚决。后市应择机适时卖出股票。

二、多阴攻击组合构架

股价连续多日出现无高点有低点的阴线。说明空头的控盘能力非常稳定，市场处于空头主导阶段。后市仍以逢高卖出为主。但当股价处于盘整阶段，连续的阴线构架往往预示市场即将见底，出现反转走势，如图3-20、图3-21所示。

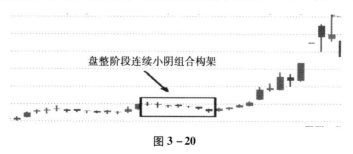

图3-20

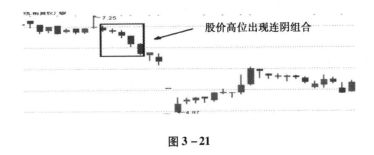

图 3 - 21

第五节　K线三线组合构架

K线三线组合是指由阴阳三根不同性质的K线组合而成的构架。它分为顺势构架、整理构架、转折构架三种表现形式。

一、双阳夹阴下顺势构架

该构架即第一根K线为阳线，第二根K线是阴线，第三根K线为阳的组合构架。它要求三根K线的低点不断降低，高点也不断降低。且中间阴线的实体要大于前后两根阳线的实体（见图3-22）。市场寓意阴线实体明显大于阳线实体，表明多头力量已出现弱化，后市组合体低点若破位，则多头彻底失败，看跌。

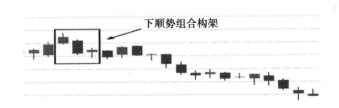

图 3 - 22

股理逻辑：阴线能够跌破前阳低点，说明空头已占优势。后阳反击不能走出高点表明多头已无力反击。后市以看空为主。

二、双阴夹阳上顺组合构架

该构架即第一根K线为阴线，第二根K线是阳线，第三根K线为阴的组合构架。它要求两根阴K线的低点不断抬高，高点也不断抬。且中间阳线的实体要大于前后两根阴线的实体（见图3-23）。市场寓意，阴线实体明显小于阳线实体，表明多头力量较强，后市组合体高点被突破看涨。

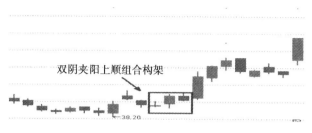

图 3－23

股理逻辑：阳线能吞噬掉阴线，表明多头已占据优势，后阴线不能走出新低，起到了对多头强势的确立作用。后市突破组合体高点，则继续看多，买入。

三、三 K 并头整理构架

该构架即三根 K 线中出现高点十分接近的小线形（震荡幅度在 2% 左右）阴阳组合构架。表现形式为两阴夹一阳（见图 3－24）或两阳夹一阴（见图 3－25）。其市场寓意是，小线形表示价格波动较小，多空力量相对平衡。市场已处于整理阶段的末期。

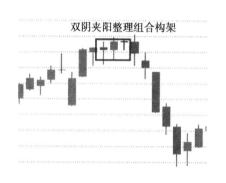

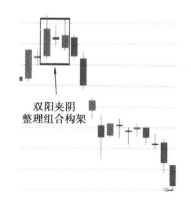

图 3－24

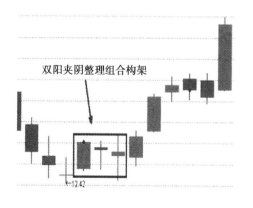

图 3－25

股理逻辑：连续三个交易日K线阴阳转换，却没有走出明显的价格高点，且震荡幅度较小。说明市场已处于短期内的平衡阶段。若后市能实现方向性选择，则股价的涨势或跌势即将展开。

第六节　K线的分型组合构架

K线分型的定义：就是在连续的K线图形上，按照一定的规则，人为划分出来的一组K线图型组合构架。通常，一个完整的"K线分型组合构架"由5个连续的K线组成。K线的分型组合又分为上分型、下分型、复合分型三种形式。

一、上分形组合构架

它由五根K线组成。其中第三根，即中间的那一根，它的最高价是5根K线中最高的，这样的K线组合，称为"向上K线分型"。简称上分型（见图3-26）。其市场寓意是，股价可能已经进入到一个阶段性高位。若分型高点的K线低点被跌破，则股价将出现调整走势。

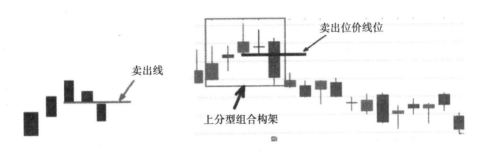

卖出线

卖出位价线位

上分型组合构架

图3-26

股理逻辑：当高点K线出现后，股价连续两天不能再次出现高点价线，则上分型组合可以确立。若股价跌破分型高点K线的最低价位，则意味分型组合出现弱化，应适时卖出。

二、下分型组合构架

当股价处于下跌的阶段，此时由5根K线组成的组合体，中间的那一根K线，最低价是5根K线中最低的，此种K线组合，称为"向下K线分型"。简称下分型（见图3-27）。其市场寓意是，空头的打击力出现衰竭，K线走势已出现反转结构信号，后市有望形成价格的反转。

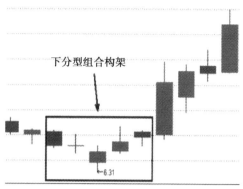

图 3 - 27

股理逻辑：股价不再出现新低，K 线结构上出现 V 形反转。说明市场价格出现止跌现象，多头已逐渐占据了上风。逢低买入。

三、复合分型组合构架

复合分型一般由 6 根 K 线组合而成。如果位于中间的两根 K 线的最高价相等或非常接近，则可称为复合上分型（见图 3 - 28）。若中间的两根 K 线的最低价相等或非常接近，则称为复合下分型，如图 3 - 29 所示。

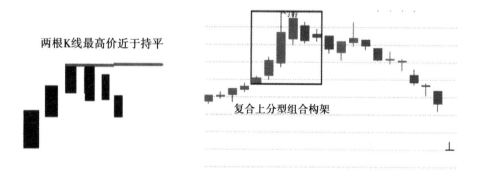

图 3 - 28

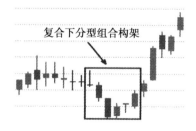

图 3 - 29

　　股理逻辑：股份出现等高 K 线，说明多头的攻击力出现减弱迹象。随后出现弱 K 线，基本确认多头行情将结束。

　　当股价出现两个相连的 K 线低点近乎相同时，说明或将已进入空头的衰竭阶段。后市若止跌信号得到确认，股价将由下跌转为上涨。

第四章　K线构架的交易法则

《易经》中的"日中则昃，月满则亏，物极则必反"充分揭示了阴阳相克相生、对立统一的自然法则。

对于股市交易而言，阴阳相克相生的道理更是处处可见。就价格走势上说，价格的涨跌是相辅相成的，涨势的尽头蕴含跌势，跌势的尽头酝酿涨势。可谓是物极必反。

交易不是一种技术，而是一种理念。日中则昃，月盈则食，阴阳转易，以成化生，进有退之义，存有亡之机，得有丧之理。无欲而为，为所能为，畏所不能为。

当然，只有正确的交易理念是远远不够的，还需要有正确的交易谋略。

《孙子·谋攻篇》中说："知己知彼，百战不殆；不知彼而知己，一胜一负；不知彼，不知己，每战必殆。"股市就如同战场，要想在战场上取得胜利，首先要做的事，就是要了解这个市场，了解股价的运行规律，否则你的交易必然是盲从的，也就注定要以失败而告终。在交易的过程中，既要了解敌人（市场），又要了解自己，才能在交易中立于不败之地。研究K线构架的目的在于，知多空转换，买卖有法可循。更好地利用价格运行规律进行交易，寻找最佳的买卖点。通过对K线构架的分析，我们不难看出，每一根K线或一组K组合都暗含着波浪结构，而这种内在的波浪反映出多空转换契机。

第一节　交易法则

一、波浪转换交易法则

波浪转换交易法则即波浪的性质发生转变，由下跌波浪性质转换为上涨波浪性质，或由上涨波浪性质转换为下跌波浪性质。具体交易法则：当波浪性质发生转变时，K线的组合上出现止跌或滞涨信号时即构成交易条件。波浪转换形式有两波浪转换和三波浪转换两种表现形式。

（1）三波浪转换：K线构架形成三个波浪，且波浪的性质发生转变，波浪由下跌波浪转换为上升波浪。构成交易的条件。如图4-1所示，第1波浪、第2波浪均属于下跌波浪性质，而第3波浪属于上涨波浪性质。波浪性质发生转变，出现止跌信号，构成买入条件。

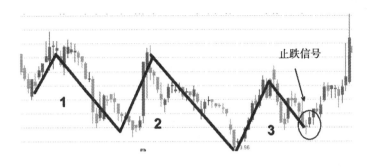

图 4-1

　　股理逻辑：股价由下降波浪转换为上升波浪，且第2波浪与第3波浪构成背驰性质，预示价格走势将转强，若能再次突破前一上升波浪高点，即构成对强势结构的确认。临盘策略：择机买入。

　　（2）两波浪性质转换：如图4-2所示，股价的波浪由下跌波浪转换为上涨波浪，上涨波浪的调整波段，出现止跌信号。随后股价突破止跌信号，确认行情将反转。

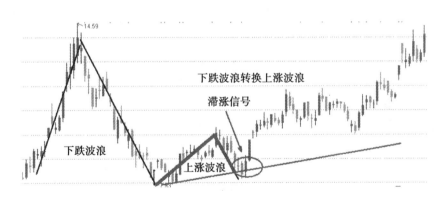

图 4-2

　　股理逻辑：波浪的性质发生了变化，股价的运行波浪由下跌波浪转换为上涨波浪，说明市场的做空力量减弱。股价调整波段出现止跌信号，意味着短线的调整结束。临盘策略：择机买入。

二、滞涨组合交易法则

　　滞涨组合交易法则即以波段行情的滞涨信号为卖出准则的交易技法。滞涨组合交易法是短线卖出法则。具体交易法则：当滞涨信号出现，即进行减仓处理，当滞涨信号得到确立，即短线清仓。滞涨信号有如下表现形式：阳阴反转组合、乌云盖顶、断头铡刀、阳阴覆盖组合。具体的K线信号，会在K线信号识别章节中讲解。

（1）波段滞涨卖出技法 1：如图 4 - 3 所示，股价在经历一段上涨后，出现滞涨信号，预示股价的上涨压力增大，上涨行情或将告一段落，此时应适时进行减仓。后市若滞涨信号得到确认，即清仓。

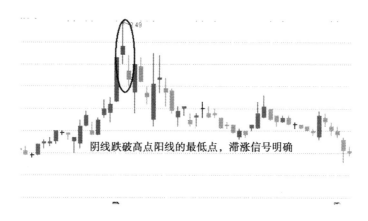

阴线跌破高点阳线的最低点，滞涨信号明确

图 4 - 3

股理逻辑：股价连续上涨后，出现跳空低开阴线，预示上方压力增大，股价上行遇阻。临盘策略：适时减仓或清仓。

（2）波段滞涨卖出技法 2：如图 4 - 4 所示，股价在高位出现滞涨组合信号双阳不过阴。说明多头力量减弱。股价即将面临调整，应适时减仓或清仓。

滞涨组合信号：双阳不过阴

图 4 - 4

股理逻辑：在连续上涨后，在高位出现连续两根阳线不能走出新高的现象，说明多头的上攻力量已弱化。多头滞涨信号已显现。跌破滞涨组合，空头优势确立。临盘策略：卖出。

三、止跌组合交易法则

止跌组合交易法则即当股价处于下跌阶段，出现了明确的止跌信号组合。此时，可以确定股价短线的波段下跌结束，可视情况参预股价的反弹行情。具体操作法则：止跌信号出现，可尝试性小仓位买入，一般不宜超过 1/3 仓。止跌信号得到确认，可依据大势环境加仓买入。止跌信号通常有低开嵌入阳、低位阳包阴、低位三川线等。具体的 K 线信号，会在 K 线信号识别章节中讲解。

（1）止跌组合交易法则：股价在经过大幅调整后，在低位出现止跌组合信号，意味着空头的杀伤力减弱，股价短线反转的概率加大。临盘策略：择机买入。如图 4 - 5 所示。

图 4 - 5

股理逻辑：连续的杀跌表明空头力量强大，而此时出现无低点阴阳嵌入组合，意味多头已有反击意图。后市突破止跌组合，说明多头已重回主导地位。临盘策略：适时跟进。

（2）K 线三线顺势止跌组合：它由三根 K 线组合而成，前两根 K 线组合构架形成反身形态，即第一根为阴 K 线，第二根 K 线收阳，且收盘价高于第一根阴线的开盘价，第三根 K 线收阳，且没有新低，收盘大于前一日收盘。如图 4 - 6 所示，前两根 K 线组合构成反身构架，第三根 K 线顺势而上，对反身组合构架形成确认，构成买入条件。

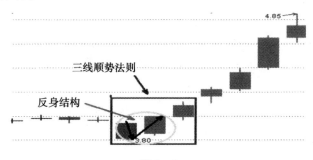

图 4 - 6

股理逻辑：阳线可以反身超越阴线形成阴阳反身止跌构架，接下的阳线突破阴阳反身止跌组合，形成三线顺上攻击态势，说明多方已有能力战胜空方。临盘策略：积极跟进。

四、趋势结构交易法则

趋势结构交易包含趋势结构买入法则和趋势结构卖出法则。两法则的总体原则就是趋势突破法则，即向上突破下降趋势，向下跌破上升趋势。当股价向上突破下降趋势线，且出现连续攻击组合，或阴阳反身信号，即构成买入信号。当股价跌破上升趋势线，K 线组合形成阳阴反身结构即构成卖出信号，即时卖出。

（1）下降趋势突破交易法则应用：如图 4 - 7 所示，股价之前处于下降趋势。此时，股价向上突破了下降趋势线的压制。K 线组合上出现阴阳反身组合，说明短线股价开始转强，下降趋势行情或将就此结束。

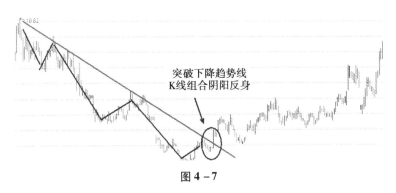

突破下降趋势线
K线组合阴阳反身

图 4 - 7

股理逻辑：下降趋势线被突破，表明股价的下降行情即将结束。K 线组合出现阴阳反身组合，表明短线多头已占据优势。但此时股价的上升趋势尚未得到确立，后市走势仍存在不确定性。临盘策略：尝试性买入，仓位 1/3 以下为宜。

（2）上升趋势破位交易法则应用：如图 4 - 8 所示，股价之前处于上升趋势。随后股价跌破了上升趋势线。K 线组合上出现阳阴滞涨组合，表明股价的调整行情即将出现。依据趋势破位卖出法则，应及时卖出股票。

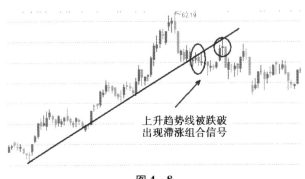

上升趋势线被跌破
出现滞涨组合信号

图 4 - 8

股理逻辑：上升趋势线跌破意味上涨行情结束，股价反扑无力出现滞涨组合信号，说明空头已占据优势。临盘策略：果断卖出。

第二节　K 线组合的属性

《周易·系辞传》：易有太极，是生两仪，两仪生四象，四象八卦。两仪表示万物两两对应、相反相成的对立统一。所谓"万物负阴而抱阳、一阴一阳之谓道"。阴阳，代表一切事物的最基本对立面。股价的涨跌通过 K 线表现出现。上涨为阳，下跌为阴。其暗含相生相克之法理。可谓孤阴则不长，独阳则不生。而两仪生四象，从卦象上：分别称为少阳，太阳，少阴，太阴。与股市中的小阳线、大阳线、小阴线、大阴线、又暗合相成，进而又有四象生八卦，八卦判吉凶与之对应象卦的 K 线阴阳组合。构成市场相生相克，此消彼长的涨跌循环。而依据八卦的爻组合成八种最基础的 K 线组合，如图 4-9 所示。

乾　兑　离　震　巽　坎　艮　坤

图 4-9

（1）三根阳线组合，属于乾卦，乾为天，合于五行属性为金，至阳之气。代表多头盛极，阳至极则易反。因此，应注意涨势即将结束。

（2）二阳一阴组合，属于兑卦，兑卦为泽，合于五行属性为金，性近水，水能载舟也能覆舟寓意多空相容，即阴阳相容，阳线的上涨需要阴线的扶持，否则刚极易折，市场尚未明朗。

（3）二阳夹一阴组合，属于离卦，属于火，合于五行属性为火，寓意阳盛。代表多方占上风，后市看涨。

（4）一阳二阴组合，属于震卦，震为雷。合于五行属性为木，晴天雷起，寓意市场空方渐强，跌势为主。

（5）一阴二阳组合，属于巽卦，巽为风，合于五行属性为木。火借风可起，但也可灭。其意在顺。市场寓意跟随。

（6）二阴夹一阳组合，属于坎卦，坎为水，合于五行属性为水。水存于坑，意在险。象曰："一轮明月照水中，只见影儿不见踪，愚夫当财下去取，摸来摸去一场空"。市场意处险地，避而远之。空方占上风，后市看跌。

（7）二阴一阳组合，属于艮卦，艮为山，合于五行属性为土。时止则止，时行则行，动静不失其时，其道光明。有止的寓意。K 线组合跌势减弱，将展开反弹。

（8）三根阴线组合，属于坤卦，坤为地，合于五行属性为土。属阴。阴至极而生阳。市场寓意跌势极强，但也临近转变的时候。

由此我们又可知 K 线组合中又暗合五行相生相克之哲理。古人认为，天下万物皆由五类元素组成，分别是金、木、水、火、土，彼此之间存在相生相克的关系。五行是指木、火、土、金、水五种物质的运动变化。这里所强调的是物质运动，而非自然现象。

依据伏羲先天八卦以顺时针运行，即坤（土）—震（木）—离（火）—兑（金）—乾（金）—巽（木）—坎（水）—艮（土）。

而依据阴阳相生相克又可排序为：乾（金）—兑（金）—离（火）—震（木）—巽（木）—坎（水）—艮（土）—坤（土）。

我们通过对 K 线组合性质的研究，即可及早地发现 K 线组合的变化对未来行情走势的影响。如图 4-10 所示：大盘指数 2020 年 8 月 27 日至 9 月 2 日走势。此前两一阴属于兑卦象，五行属性为金，兑为泽近于水，后生两阳加一阴的水火相容的离卦，离属火，本应看涨。但阳在阴之下，火在水之下难以成势。后水势加大成两阴加一阳，K 线组合性质为坎卦。坎为水，水大则灭火。

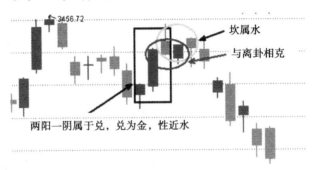

图 4-10

如图 4-11 所示，股价 K 线组合为小阴小阳，属于少阴少阳卦象。两阴夹一阳属坎卦，性为水，但组合性质为少阴少阳难成气势。后转两阳夹一阴离卦属火，仍为少阴少阳性质。再转一阴二阳巽卦，而巽为风，火借风势。股价由此而起涨。

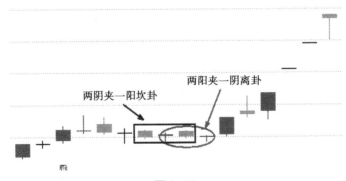

图 4-11

如图4－12所示，三阴组合为坤，性质属土；后转为两阴一阳为艮，卦象为山，化土为山有定固之意。合于五行属性为土。时止则止，时行则行，动静不失其时，其道光明。有止的寓意。K线组合跌势减弱，将展开反弹。随后成一阴二阳组合，属于巽卦，巽为风，风随山势行，其意在顺。

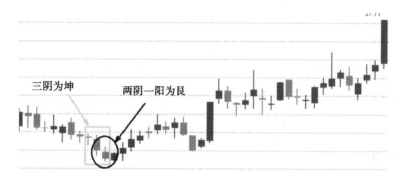

三阴为坤　两阴一阳为艮

图4－12

小结：通过以上的案例分析，我们不难看出，古人留给我们的自然哲理，依然对复杂的股市有着重要的作用。《易传·系辞上传》的第11章，原文为："是故，易有太极，是生两仪，两仪生四象，四象生八卦，八卦定吉凶，吉凶生大业。"无极生太极谓之无名天地之始；太极生两仪则有名万物之母（一维空间）。

两仪生四象将我们引入起伏错落的二维空间；四象生八卦则深入至更为复杂变化的三维空间。而自无极生太极从0到1的开始，一直到四象生八卦所构筑的完整的立体结构，这一过程又显然是一个立体的并包含位次顺序的四维关系。我们研究股市市场行为的众多投资者往往会忽略这一点。

但《易经》并不是能预见未来的"神谕"，不能直接为我们阐释宇宙的奥秘，它的价值仅在于激发我们主观的心智联系。这种心智联系，与特定的市场、时间和环境结合起来，从而使得心与物产生一种关联，更智慧判断事物的某些发展趋势，理智与逻辑相结合而把握事物发展脉络，用更加广阔的视野，感知事物发展的开端和结局。

第五章　K线的止跌与滞涨信号

市场的顶与底在没有走出来之前，都是无法确立的，永远不要想着抄底和逃顶。

止跌或滞涨K线是股价下跌或上升即将结束的警示标志，止跌K线信号的出现，是股价由下跌走势可能转化为再次上涨前的预示。但止跌K线信号的出现并不等于是买入点的出现。是否构成买入，还需要后面的确认信号出现。否则，往往会陷入股价不涨不跌的尴尬境界。滞涨K线的出现，往往预示未来的股价将进入调整走势。它是一个行情预警性质。一旦这种滞涨信号出现，就应在第一时间进行减仓。一经确立就要坚定清仓。

《孙子兵法》云："谋定而后动，知止而有得"。谋无正邪，有胜乃大。但筹划的计谋都要遵循一定的法则。当交易信号出现后，首先要判断它的性质，谋定而思动，且不可贸然而动。《大学》中云："知止而后有定，定而后能静，静而后能安，安而后能虑，虑而后能得。"

在交易中，知止，即有明确的规则；有定，即树立坚定的志向。知至善法规，立坚定志向，心不妄动，则所处而安，不为外界影响所动。

在交易中，我们所关注不是每天的K线走势，引起我们关注的一定是符合交易规则的K线。而非所见的长阳、长阴或什么影线的长度。如果一个长阳或长阴K线的出现，并没有改变原有的股价运行格局，那么它的出现就不值得关注。相反，那些已经发出明确的转折信号的K线或K线组合，哪怕它是一个非常小的K线或组合，都应该给予高度的重视。

在市场研判过程中，首先要解决四个问题：一是市场的方向如何？二是你选择的标的是什么？三是在什么时机出现时交易？四是怎么进行交易？

第一个问题是市场方向的问题。即你如何判断市场或价格运行方向的问题。它将决定你是做空市场，还是要做多市场。即卖出还是要买入。如果这个问题你还没有搞清楚，那么市场中任何交易信号对你而言都是无用的。

第二个问题是选择什么交易标的问题。每一名交易者来到股市首先要明确你想要什么。面对股市中几十个行业板块，近百个的概念板块，几千家的上市公司。哪个板块及哪家公司的股票才是你要捕杀的猎物。如果你毫无目标地随意捕杀，那只能说明你被市场淘汰是迟早的事。《孙子兵法》云：谋定而后动。而如果你目前尚不具备这种投资理念，则必会被繁杂的市场所迷惑，最终落入"利益"陷阱。

第三个问题是交易的时机问题。市场每天都有交易机会，但不是每个交易机会都属于你。只有符合你的交易规则的交易信号，出现在你早已锁定的标的时，才是你的交易机会。

第四个问题是怎么进行交易的问题。它包括如何建仓、出现意外情况如何处理、如何卖出。而这一切由你的投资理念所决定。俗话讲："师傅领进门，修行在个人"。看书学习只能感知理念，能否真正得道则在于你的悟性。

接下来我们来说说止跌与滞涨信号的问题。

首先，止跌概念是什么。股票价格的运行下降趋势被终止，即价格波浪由下跌波浪性质转变为上涨波浪性质，并能由此改变后市行情性质，称为止跌。随后出现的阴阳反转信号才可称为止跌信号。

其次，滞涨概念是什么。股价的上涨趋势受到抑制。即股价的上涨波浪结构中的上涨波段不能再次走出新的波浪高点，其上涨波段出现抑制信号即为滞涨。

股市由人和资金这两个最基本的要素组成的。股价的波动是由出于不同的欲望、理念及不同的社会地位组成的若干个群体，相互博弈又相互依赖。并由此演绎股市的起伏沉落。

对K线战法看法：

目前市场上流传着许多种K线的战法，各种名目也五花八门。但归结起来都没有摆脱阴阳转换这一自然规律，即八卦运势之法及五行相生相克之理法。

（1）向好吞噬K线组合：向好吞噬又被称为阳包阴，一般是由三根K线组合而成，即前两根为阴K线，第三根为阳K线，第三根阳K线将第二根阴K线整体吞噬（有时组合的第一根K线为阳线，开成二阳夹一阴）。但不是所有的阳包阴都可视为向好吞噬K线见底组合信号。只有当股价出现三波浪调整之后，且波浪结构存在背驰关系时，出现向好吞噬K线组合才可视为明确的止跌信号。向好吞噬K线组合在卦象中属于二阴一阳艮卦，属山，意在定。表明跌势减弱。或为二阳夹一阴离卦属于火，寓意阳气旺盛。

（2）向好身怀六甲K线组合：在下跌进程中，当下跌波浪出现背驰结构后，K线组合出现身怀六甲构架，是股价即将出现反转的信号。身怀六甲的表现形式是前一根K线为阴线，随后一K线为阳线，且阳线整体处于前阴线实体之内。向好身怀六甲组合，从卦象分属于二阳夹一阴离卦或二阴一阳艮卦。离卦属火性寓意阳盛，后势看涨。艮卦为山，意在定，跌势已止，看涨。

（3）反转锤头K线组合：当股价经历大幅调整，波浪结构出现三波浪下跌后。K线组合出阴阳反转锤头K线组合，意味股价的调整已到尾声。反转锤头K线组合表现形式由三根K线组成，第一根是阴线后跟随着第二根带长下影光头小阳线，第三根K线或阴或阳。其卦象分属于二阴加一阳的坎卦，坎为水，或一阴两阳的巽卦，巽为风。坎卦象有水存于坑，暗含险意，但巽为风，若风吹水起，则化险为夷。

（4）曙光初现K线组合：在股价处于下跌阶段后期，阴K线之后出现一根嵌入式阳K线。曙光初现组合出现后，若随后一K线为阳，则形成巽卦象，见风和日丽，后市看涨，但若后随阴 K 线，则卦象为坎，仍需要等待雨过天晴。总体上以后市看涨为主。

（5）乌云盖顶 K 线组合：是股价处于上涨阶段时出现的一种滞涨组合。它的表现形式是，连续两个高点抬高，低点也抬高的阳 K 线后出现一根高开的长阴线。乌云盖顶 K 线组合的卦象属于二阴一阳的兑卦，兑卦为泽，合于五行属性为金，性近水，水能载舟也能覆舟。但此时金沉于水，后市看跌。

（6）向淡身怀六甲 K 线组合：当股价处于上涨阶段时，K 线组合出现身怀六甲 K 线组合，意味股价的上涨行情将结束。它的表现形式是连续两根阳线后出现一根阴线，且阴线实体处于前阳线实体之内。卦象属于两阳一阴兑卦。兑卦为泽，五行中占金，金难浮于水。后势看跌为主。

（7）黄昏之星 K 线组合：当股价处于上涨阶段，K 线组合出现，一根较强阳线后跟随了一根十字星（可阳，可阴），之后出现一根较强阴线的三线组合。黄昏之星 K 线组合卦象为二阳一阴的兑卦，或一阳二阴的震卦。兑卦近于水，而水往低处流，震卦性为雷。晴天雷起，寓意市场空方渐强，跌势为主。

（8）三只乌鸦 K 线组合：当股价处于上涨阶段，出现连续三根下跌的阴线称为三只乌鸦组合。三阴 K 线组合卦象属于坤卦。坤为地，性属阴。寓意市场处于空头。三只乌鸦 K 线组合若出现在股价经过大幅调整后，则寓意阴至极而生阴，即合负阴而抱阳之理法。

（9）三阳开泰 K 线组合：由三个中阳线组合而成。三阳开泰 K 线组合可以出现股价的任一阶段。当它出现在股价经过大幅下跌后的底部时，是重要的止跌起动信号。而当它出现在股价经过大幅上涨后，则往往是股价即将见顶的前兆信号。三阳开泰兴 K 线组合依卦象属于乾卦。乾为天，五行属性为金。为至阳之气，股市中寓意多头旺盛，后市看涨。但若股价处于高位，则阳至盛易折，需要警惕冲高回落。

（10）三川形态 K 线组合：其表现形式是：第一根 K 线为长下影中阴线，第二根则是高开的阴线，且收盘高于前一日阴线收盘，第三根则是一根阳线，收盘价为三日内最高。三川 K 线组合为二阴一阳艮卦。艮卦为山，意在于定。五行中属土，土为万物生长之根，时止则止，时行则行，动静不失其时，其道光明。有止的寓意。K 线组合意在股价跌势减弱，即将展开反弹。

通过对以上 K 线组合的分析，我们可以看出股价的走势与八卦中的运势及五行相生相克之理法存在不解之缘。五行中金、木、水、火、土相生相克。而八卦中的乾卦为金；震卦与巽卦为木；坎卦为水；离卦为火、艮卦与坤卦合为土。

第一节　止跌 K 线市场的表现形式

什么是止跌 K 线或止跌 K 线组合？止跌 K 线简单地说就是下跌中的股价出

现一根或者数根能影响股价后期走势的 K 线或 K 线组合。但不是所有的止跌 K 线或止跌 K 线组合的出现即构成买点，在大多数的情况下，止跌 K 线或止跌 K 线组合仍需要有一确立 K 线的出现，才能真正构成市场的买入进场。所以在个股操作中出现止跌 K 线或止跌 K 线组合时不要急着买入。

K 线的几种常见的止跌形式如图 5－1 所示。

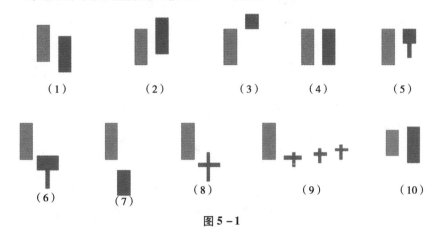

图 5－1

一、探低回升止跌 K 线

即在股价经历较大幅度下跌后，在低点 K 线后出现的一根无低点的 K 线。此 K 线可以是阳 K 线，也可以是阴 K 线。这一 K 线出现的当天，成交量以较小为好。如图 5－2 所示。

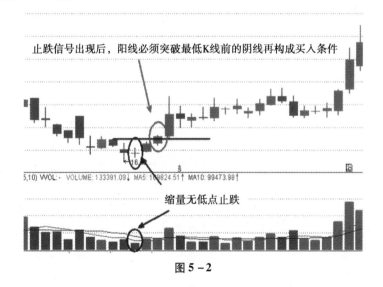

图 5－2

股理逻辑：连续阴线后出现无低点阴线，说明空头的下杀力已经不强。成交量的减少表明市场观望气氛加重。但是，止跌线并没形成多空反转构架，因此，需要后期无低点放量阳线的确认，方可实施买入。

二、阴阳反身嵌入止跌信号构架

当股价经过一波下跌之后，出现一根低开高走的阳K线，且阳K线的实体能嵌入到前一阴线的实体三分之一以上部分内。尽管此阳线有低点出现，但与前阴线形成反身构架，形成止跌K线信号。但后市仍需要更强阳K线的确认，才可实施买入。如图5-3所示。

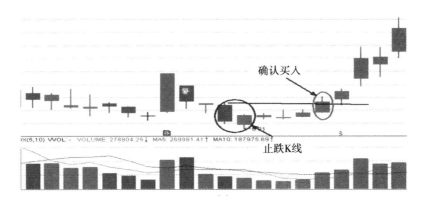

图 5-3

股理逻辑：低开阳线能嵌入前阴线实体，本身就说明多头力量增强。但整体上仍稍弱于空方，后市需要等待放量强阳K线的出现。

三、高开覆盖阳K线止跌信号

股价出现较大幅度调整后，在阴线的基础上出现高开高走的阳K线，且K线的实体将此前阴K线的高点吞没。形成阴阳反身构架，构成止跌性质K线组合。如图5-4所示。

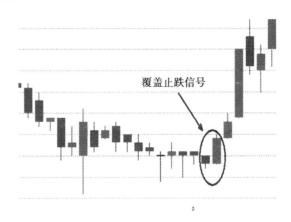

图 5-4

股理逻辑：股价在经过连续调整之后，出现高开高走的阳K线，且阳线实体完全覆盖前阴线，表明市场的多头已占据优势。可在收盘前尝试买入。

四、高跳阳K线止跌信号

股价大幅调整后出现向上跳空的阳K线，通常是由于消息面上发生了变化，市场出现了空翻多的现象，是一种较强的止跌信号。但尽管如此，止跌信号出现后仍需要得到第二天阳K线的确认。如图5-5所示。

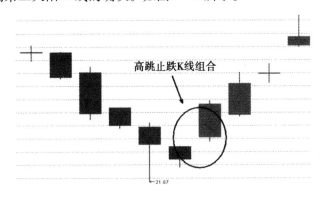

图 5-5

股理逻辑：股价连续下跌后出现向上跳空的阳线，说明基本面上出现了变化。但消息面往往需要市场的认可，因此，参预时需要注意仓位。从技术上讲，跳空高开高走表明市场出现了空翻多现象，操作上可在收盘前适当买入，后市得到确认可加仓。止损放在缺口位。

五、阴阳并脚K线止跌信号

股价在低位出现阴阳并脚组合，是一种较强的止跌信号。阴线与阳线的最低价相同或非常接近，说明空头的打击力已非常之弱，多头已具备反攻潜能。如图5-6所示。

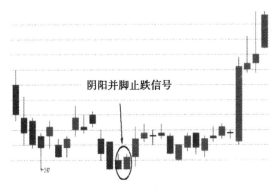

图 5-6

股理逻辑：股价大幅调整后，K 线显示股价不出现新的低点，说明空头的打击力已接近于最后阶段，阴阳并脚组合的出现，表明多头已尝试着进行反击。后市若能突破组合体高点，即止跌信号确立。

六、岛形组合止跌 K 线信号

股价在前一天向下跳空低开的基础上，出现向上的反转形跳空高开。说明市场的多头已有反击意愿，而高开后的高走表明市场做多的信心十分坚定。后市若能突破组合体高点，表明反转信号得到确认。如图 5-7 所示。

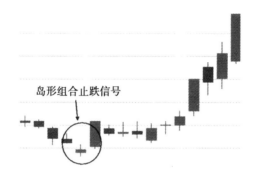

图 5-7

股理逻辑：股价向上跳空高开高走，技术上构成反转结构。说明市场的做多意愿转强。但市场仍处于潜龙阶段，能否跃起需要等待后续的确认。

七、三星高照止跌 K 线信号

股价在连续收阴 K 线后，出现连续三根以上低点不断抬高的十字星 K 线，意味着股价出现止跌信号，后市有望迎来新的上涨行情。如图 5-8 所示。

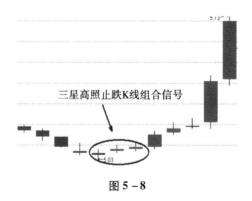

图 5-8

股理逻辑：股价连续杀跌后，在低位出现连续三根以上低点抬高的十字星 K 线，说明空头的杀跌能力已经削弱，连续的十字星 K 线已表明多空双方趋于平衡，而十字星 K 线低点抬高，则预示多头已占据了上风。

八、长阴双针止跌 K 线信号

股价在长阴 K 线的基础上连续走出两根长下影的双针组合，意味空头已无力再次组织有效的杀跌力量。股价即将出现上涨。如图 5 - 9 所示。

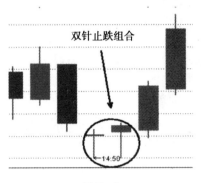

双针止跌组合

图 5 - 9

股理逻辑：长阴线代表空头力量非常大。但长阴线后股价连续出现探低走势均被重新拉起，说明下方的承接力非常强，空多已无力下杀，股价出现止跌信号。后市可择机买入。

九、阴阳包容止跌 K 线组合

股价大幅度下跌后，出现低开阳 K 线向上反包前一阴 K 线整体的 K 线。市场寓意为多头的反击性质，它的出现往往预示着股价的运行方向将由下跌转换为上升走势。如图 5 - 10 所示。

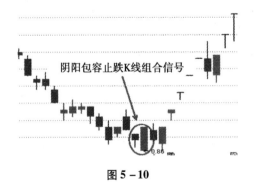

阴阳包容止跌K线组合信号

图 5 - 10

股理逻辑：股价处于下降走势中，当日开盘低开表明市场空头主力仍意在做空。但无奈下方承接的买盘意愿非常坚决，盘中出现了主动性的抢筹现象。空头只好反手做多，出现空翻多的现象。后市以做多为主。

十、跳空低开阳止跌 K 线信号

股价处于下降走势中，当日开盘出现大幅度低开，随后出现了探低回升的走势，最终以阳线收盘，全天并未回补当日跳空缺口。市场寓意空头仍处于优势地位。但市场已出现了转强的信号。股价大幅开低后能以阳线收盘，本身就意味着当日空头的攻击以失败而告终。如图 5 - 11 所示。

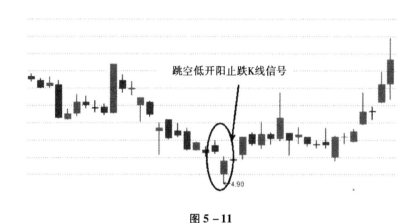

图 5 - 11

股理逻辑：股价大幅低开，显示市场开盘时普遍看空。股价探低后出现回升，说明下方承接盘踊跃，逢低主动性抢夺筹码的意愿较坚决。

第二节　滞涨 K 线市场的表现形式

滞涨 K 线形态指的是：K 线在高位连续出现无高点或见高见低的 K 线。它表现为股价的上涨受到了空方的压制，阳线实体渐小，阴线实体渐大或上下影线长度较大。

滞涨 K 线的表现形式：

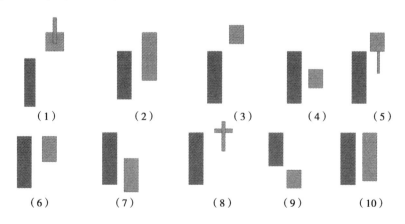

图 5 - 12

一、高开嵌入阴 K 线滞涨信号

股价在连续上涨之后，当日股价高开后出现低走现象，收盘以阴线报收。且阴 K 线实体深入前阳 K 线实体二分之一左右。构成阳阴反身组合构架。多头攻势受阻。后市若跌破阳阴双线组合体低点，则滞涨信号确立。如图 5 – 13 所示。

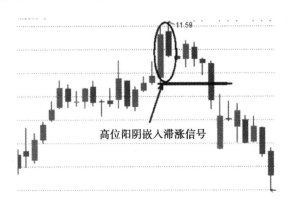

图 5 – 13

股理逻辑：股价大幅上涨后，出现高开低走的阴 K 线，说明在高位市场获利了结的心愿较强。而高开后的阴线实体能深入到前阳 K 线实体的二分之一以下，表明空头已逐渐占据了优势，后市应注意适时卖出。

二、高位孕育 K 线滞涨信号

股价大幅上涨后，在高位出现阳孕阴组合，意味着多头的攻击受到空方的阻击。后市股价的上涨将会受到压制。若股价跌破孕育线组合的低点，则宣告多方的进攻结束。如图 5 – 14 所示。

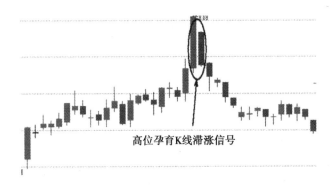

图 5 – 14

股理逻辑：股价在高位出现阳孕阴组合，说明多头的攻击力已出现大幅削弱。后市若不能出现长阳反转结构，则股价向下将是大概率之事，注意适时卖出。

三、高位吞没 K 线止跌信号

股价处于高位，当日开盘出现高开现象，但随后股价出现大幅下跌走势，最终以阴 K 线收盘。且当日阴 K 线实体将此前一日阳 K 尽数吞没。此种线形组合是一种较为明确的多空反转信号，后市应以看空为主。如图 5－15 所示。

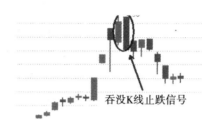

吞没K线止跌信号

图 5－15

股理逻辑：当股价处于高位时，市场获利了结的愿望自然会加重。此时出现高开低走的长阴反映出市场的做多意愿的减退。长阴 K 线实体能吞没此前一天阳 K 线实体意味市场的多空将发生转换。股价滞涨后市看空。

四、高开回落滞涨 K 线信号

当日股价出现高开，随后股价快速向上冲击。却在高位遇阻回落，最终以阴 K 长上影线形式收盘。但当日 K 线实体仍位于前一阳 K 线实体上方。股价冲高回落显示上方抛盘压力较大，多头已无力承接高位的抛压，股价出现滞涨。后市若跌破高位最后阳 K 线实体，则确立行情反转。如图 5－16 所示。

高开回落滞涨K线信号

图 5－16

股理逻辑：股价高开显示市场有做多意愿，但股价冲高回落预示多头已无力承接高位空方筹码的抛售。无奈股价出现回落。价格滞涨现象显现。后市以看空为主。

五、低开低走滞涨 K 线信号

股价没能承接此前的上攻态势，出现低开低走现象，反映出市场出现了意外的状况。股价低开表明多头已放弃了抵抗，后市股价走弱应是大概率之事。如图5 – 17 所示。

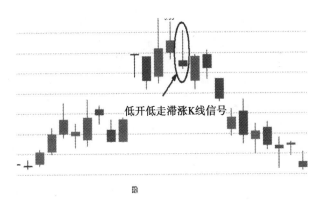

低开低走滞涨K线信号

图 5 – 17

股理逻辑：强势行情股价理应顺势开盘，但当日却出现了逆势跳空低开，说明市场多头已发出主动性撤退的信号。股价冲高回落以阴线收盘证实多头已彻底放弃了抵抗。

六、阳阴并头滞涨 K 线信号

当日的阴线头点与此前一日的长阳高点齐头排列，表明多头的打击力出现弱化。股价在长阳的基础上无力走出明显新高，说明多头的攻击已到了强弩之末阶段。后市应以看空为主。如图 5 – 18 所示。

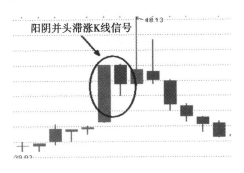

阳阴并头滞涨K线信号

图 5 – 18

股理逻辑：长阳后理应股价再次走出新高，但股价反倒出现阳阴并头组合，表明市场的多头行情已临近尾声。空头已开始尝试进攻。股价滞涨现象初现，适时逢高减仓。

七、长阳十字星 K 线滞涨信号

十字星 K 线原本就带有变数的性质，而高位出现长阳后的十字星 K 线，其出现变数的概率就更大。长阳后理应股价看高一线，但却出现变盘性质的十字星 K 线，意味着市场的攻击力减弱，股价滞涨现象显露。如图 5-19 所示。

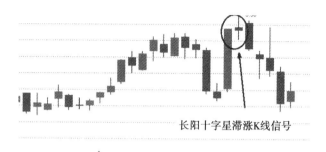

长阳十字星滞涨K线信号

图 5-19

股理逻辑：长阳意味着多头势力强劲，后市本应继续上涨。但股价却出现滞涨性质的十字星 K 线，说明市场行情转换在即。若后市不能突破十字星 K 线高点，则股价出现调整的概率加大。

八、高位岛形滞涨 K 线组合信号

股价在大幅上涨后，在高位出现岛形 K 线组合，意味着股价的上涨受到了较大的抛压制约，原有的上升行情或将因此而出现反转。如图 5-20 所示。

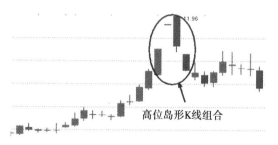

高位岛形K线组合

图 5-20

股理逻辑：股价在高位出现向上跳空冲击显示多方攻势强劲。但随后出现向下的跳空开盘，且低开低走，则表明多头的上攻遇到了非常大的阻力，多头无力承受上方的抛压，转为退却。后市看空为主。

九、低开脚底阳滞涨 K 线信号

股价昨日跳空高开，收出高开低走阴线。今日大幅跳空低开后，随即出现上攻走势，但收盘只能收在前一日阴线的脚下。说明多头反击无力，市场寓意多方滞涨，后市仍以看空为主。如图 5-21 所示。

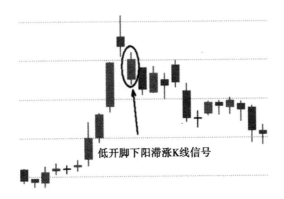

图 5 - 21

　　股理逻辑：前日股价高开低走已显露多头消弱迹象。今日再次大幅低开显示市场看空力量增大。收盘虽然收阳但不能收复失地，表明多方反击力量有限。

十、跳空高长阴滞涨 K 线信号

　　股价当日大幅跳空高开，但短线冲高后，即出现大幅度回落，最终以长阴形态收盘。市场寓意：多头借股价拉高出货。长阴意味抛压非常重，市场落袋为安意愿强烈。如图 5 - 22 所示。

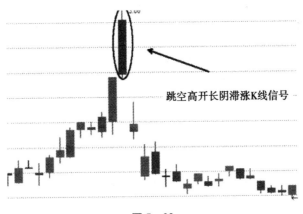

图 5 - 22

　　股理逻辑：股价高开原本是市场意在做多的表现，但却出现大幅回落的现象。说明股价的高开只是为吸引追涨盘，达到借机出货的目的。若第二天继续下跌，则应及时清仓。

小结：股价的滞涨与上跌皆由股价运行结构所产生，只有当价格的运行趋势发生转折，或波浪结构出现背驰关系时，K线组合所构成的滞涨或止跌信号，才构成行情转折交易机会。而同类型的组合只能视为行情的中继信号。研究滞涨与止跌信号的主要目的是发现行情的转折点，而非为了逃顶或抄底。真正的交易者不会追求市场的底或顶，因为任何的底或顶只有当它走出来后才可以确定。不要妄想通过研究滞涨或止跌信号去做到抄底逃顶。永远记住买势不买底，卖势不卖顶。

第六章　K线与波段的关系

趋势决定钱途

形态决定买卖。

位置决定性质。

周期决定空间。

子曰："工欲善其事，必先利其器。居是邦也，事其大夫之贤者，友其士之仁者。"

无为股理认为股市投资的成败，取决于你对市场了解多少。你手中掌握武器是否锋利。要知道你所面对的股市，对你而言是个"不公平"的市场。你永远处于一个弱势的地位。要想生存就必须掌握技术分析这唯一你可以掌控的利器。

无为股理认为K线是一切技术分析之母。趋势理论、形态理论、波浪理论、均线理论等诸多经典理论，都是在K线的基础上衍生而成。

俗话说：独木不成林。单一K线对市场产生的作用可以说微乎其微。但由K线搭建起的K线波段，则对整个市场的价格走势起到至关重要的作用。

K线波段即由若干根K线组合，在某一价位出现价格的拐点，两个价格的拐点即构成价格的运行波段，称为K线组合波段。

说道波段就不得不提波浪理论。艾略特的波浪理论对K线波段走势进行了经典解读，将股价的运行规律总结为上涨五浪、下跌三浪。其中的五浪上涨实际上是由三个上涨波段和两个下跌波段构成。三波浪下跌则是由两个下跌波段和一个上涨波段构成。但波浪并不是简单的波浪循环，而是一个非常复杂的循环构架。诸如波浪起始如何确定，波浪的性质如何界定，及波浪与波浪的关系等问题都没有简单明了的解答。由此在应用波浪理论中出现千人千浪的难题。

中国古代哲学《庄子》："大道，在太极之上而不为高；在六极之下而不为深；先天地而不为久；长于上古而不为老"。太，即大；极，指尽头，极点。物极则变，变则化，所以变化之源是太极。

《周易本义·系辞上》太极乃天地万事万物之理的总和，而在具体的事物中也有太极之理。故曰："人人有一太极，物物有一太极"。《太极图说》："无极而太极，太极动而生阳，动极而静，静而生阴，静极复动，一动一静，互为其根，分阴分阳。两仪立焉。"依以上哲学思想为基础，即世间万物皆由太极为本。股市的价格涨跌也应皆由阴阳而生。涨为阳，跌为阴。一阴一阳合太极。

无为股理认为，K线是构成波段的基本要素，波段又是构成波浪的基本要素。一个波浪是由一个上涨波段和一个下跌波段构建而成，即完成一轮阴阳转换。阳至极而生阴，即上涨波段终结点出现，转生阴，下降波段的起始点。而阴至极而转生阳，即下跌波段终结，转生阳，新的上涨波段再起。如此周而复始，阴阳轮回。即形成波段涨跌。当上涨波段大于下跌波段即构成上升波浪。连续两个上涨波浪可以构成上升趋势，如图6-1所示。而当上涨波段小于下跌波段时，即构成下跌波浪。连续两个下跌波浪可以构成下降趋势。如图6-2所示。

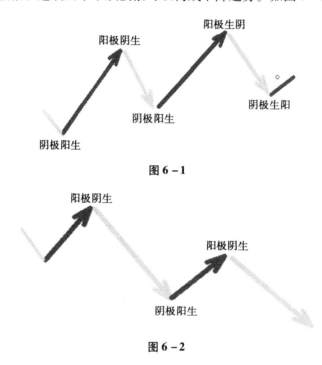

图 6 - 1

图 6 - 2

第一节 波段的组合构架

老子的《道德经》第四十二章："道生一，一生二，二生三，三生万物。万物负阴而抱阳，冲气以为和"。《淮南子·天文训》解释："道（曰规）始于一，一而不生，故分而为阴阳，阴阳合和而万物生。故曰：一生二，二生三，三生万物"。照《淮南子》的解释，"二"是"阴阳"，三是"阴阳合和"。由此无为股理认为，一个波浪应由一涨一跌反复循环两个波段构成。即起、承、转、合四个阶段构架而成。

股价的波段由极至K线而生，即合生"起"（1），起生"承"（2），承生"转"（4），转而"合"（1）。因此，一个自然的价格运行波段至少应由三个阶段构架而成。

其中，起由前一合而生，起又是承的推动力，承是起的传承，同时也是转的推动力，合是转的延续同时也是下一个"起"的太极。由于转处于3，而3又是生万物的变数，它可能既是"转"同时也是"合"。因此，一个波段至少应由阴阳交替的五根K线组合，并至少由五个转折点构成。如图6-3所示。

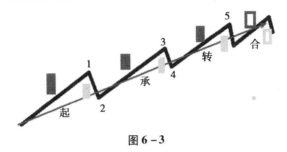

图6-3

但万物终有别，尽管其内在的阴阳不变，然而，其外在的表现形式却千差万别。因此，我们在看待价格波段走势时，也本着万物负阴而抱阳观点去判断波段，波段与单一的K线一样都有不同的构架表现形式。一个波段就等同于一根K线，只不过是将构架的周期加以延长。波段之所以不同于单一K线，就在于它是在单一K线基础上更大的阴阳循环构架。

一、波段的周期性

每一个波段都存在着一个非常重要的要素，即时间单位。从小到1分钟的周期到大到以年为周期的年线。对于波段而言都必须满足一个波段不少于阴阳交错的5个K线。即无论是以分钟、日、周、月、季、年等为周期，都应是5根以上K线作为标准的最小波段构架。在此基础上，大周期作为主导周期，小周期作为引领周期。两者之间的关系是小周期服从于大周期，同时，小周期又引领大周。在趋势行情中大周期的趋势会制约小周期的趋势，在转折行情上小周期往往会引领大周期转势。

在某一行情对应的时间周期上，某个波段上走出了3个以上冲击小波后，出现动能减弱迹象，预示股价将要见顶或者见底，波段周期作为行情的第一要素，是顶底形成的必要条件，当此条件未能形成时，则不可能形成顶或底。波段行情也就不可能发生终结。

无论在哪个时间周期上，股价波段都是通过阴阳循环的形式运行的，波段构架是否完整，是判断后续行情的关键要素，大周期的一个波段由小周期的多个推动波段和调整波段构成。分析波段是否完整、是否运行结束，是我们判断未来行情性质的重要条件之一，波段之间动能的转化又是决定后市行情强弱的主要因素。

二、波段的动能

股价波段运行要形成对原有方向的转势，至少要运行三个转折波。波段行情在对应的时间周期内，股价沿某一方向运行的动能没有发生改变时，股价仍然会沿原方向运行，若股价运行波段出现三个转折波后，若动能产生减弱，说明股价运行方向即将发生转变。

对于股价波段动能的判断，可以通过对其波段构架松散、K 线的力度等进行衡量，比较动能强弱变化常用的办法就是一个波段的上涨幅度除以运行天数。在软件中，可以通过平移矩形的方式进行测量。

方法一：

第一波上涨 10 个交易日，涨幅 16.07%，日平均涨幅 1.6%；

第二波上涨 10 个交易日，涨幅 9.01%，日平均涨幅 0.9%。

结论：很显然第二波上涨的动能有所减弱。预判后市行情可能会进一步减弱。

方法二：

在软件上将上涨的第一波用矩形框住，要求矩形左下方的点对准上涨波段起点，矩形右上方的点对准上涨波段终点。然后将矩形向右拖拉，使矩形的左下方的点对准第二个上涨波段的起点，之后松开矩形。可以发现，第二波的上涨时间和第一波差不多，但上涨空间只有第一波的一半多一点，所以第二波的动能明显减弱。

三、波段的空间

每个上涨波段或下跌波段的涨跌幅度称为空间。分析不同波段之间的空间关系，远比判断单个波段的空间更具实际意义。无为波浪理论中，对波浪空间分两个层次探讨。一个是波段空间，另一个是波浪空间。这里我们先就波段空间进行探讨。

波段空间是指波段的涨跌幅度，而波段的涨跌由波段的推动力所决定。具此我们对波段空间的研究探索分为同性质波段对比与异性质波段对比两部分。

同性质波段对比是指，两个波段的运行方向相一致，即同为上涨波段，或同为下跌波段。若前一上涨波段小于后一上涨波段，则认为后一上涨波段的推动力大于前一上涨波段的推动力，后市仍有望走出波段新高。相反，若后一上涨波段小于前一上涨波段，则后市股价的上涨空间或受到限制。同理，前一个下跌波段小于后一个下跌波段，则后市股价仍有较大的概率走出新低。反之，后一个下跌波段明显小于前一下跌波段，股价的下跌空间将受到限制。

异性质波段对比是指，将两个运行方向相反的波段进行比较。如果上涨波段明显大于下跌波段，则后市股价依然会向上运行，并有可能走出新的波段高点。但若上涨波段与下跌波段空间幅度相当，甚至下跌波段大于上涨波段，则股价如果后市难以走出新的高点。出现下跌的概率加大。

每个波段之间的空间关系，可以作为波段空间的预测标准，也可以作为分析波段间内部结构的标准。

在某一行情对应的时间周期中，一旦股价接近空间预测的支撑位或压力位时，且波段结构完整，则这种见底见顶的信号比较准确；若接近空间预测的支撑位或压力位时股价波段有没有完整，说明该支撑位或压力位可能被突破，若股价没有运行到预测的支撑位或压力位时，股价波段结构就已经完整，说明股价在该波段的运行比较弱。

无为股理认为，股价运行的空间幅度由市场的推动力所决定。并且认为处于由下降转换为上升结构的股价运行第一上涨推动力所产生的第一上涨波段不会是最小的上涨空间幅度，它所产生的第二上涨波段往往是最大的上涨空间幅度，随后的上涨波段的空间幅度会逐渐缩小。处于上升结构股价运行的第一下跌波段不会是最小的调整波段。处于上升阶段的调整波段的调整空间不应大于上涨波段的 0.618 黄金分割位，大于此位置，则意味现有的上升结构即将结束。股价将进入横盘调整或下跌结构走势。

当股价由上升转换为下降结构后，第一下降波段不会是最小的调整波段。随后的第二下跌波段往往是最大的下跌波段。之后的下跌波段会逐渐减小。下降趋势中的反弹上涨波段绝大多数情况不会超过前下跌波段的 0.618 黄金分割位。如超过 0.618 以上，后续的下跌波段往往不会走出新低。

四、波段与时间

时间和空间是两个不同的维度，对于波段的重要性基本相同。如果上涨波段所用时间多于下降波段所用时间，则意味着市场的多头处于优势。相反，若下跌波段所用时间多于上涨波段所用时间，则预示着空头占有优势。若上涨波段时间与下跌波段时间接近或临近重要时间窗口时，且波段结构完整，则波段见底或见顶的信号会比较准确。无为股理认为，在一般情况下，处于上升趋势的下跌波段所用时间应明显少于上涨波段所用时间。除非下跌波段是以形态整理的形式出现。否则，后市难以走出强势上涨行情。

五、波段与形态

波段是形态构架的基础，任何一种技术形态都是波段搭建而成。同时，形态往往又是一种波段的特殊表现形式。当股价处于上升阶段时，一波上涨波段后，股价的走势并没表现出推动力的衰竭，而出现的技术形态往往是上涨中继的特殊形式的调整波段。若当推动力出现减弱现象后，形成的形态则有形成反转的可能，当股价动能减弱后破趋势线再破形态线构成双突破后，可确认转势成立。若股价先破形态线再破趋势线构成双突破后同样可以确立转势。

无为股理认为，形态的作用要远大于单一 K 线和单一波段的作用。形态决定买卖，尤其是在整理期间的形态。如果说 K 线是一个点，那么多根 K 线在一起就会构成一个面，而形态就是这个面的直接表现，对股价运行的整体把握有非常大的作用。

六、波段与趋势

无为股理认为，股市中的价格波浪是由价格波段构成基础，波段的一起一伏构成一个波浪。没有波浪就没有趋势。趋势是价格运行方向的体现。无为股理认为：趋势决定钱途。

无为股理认为，波段的组合构架决定着价格运行的趋势方向。当连续的上涨波段与下降波段组合成上升波浪时，股价的运行趋势向上。当连续的上涨波段与下降波段组合成下跌波浪时，股价的运行趋势向下。当上涨波浪与下跌波浪交互出现时，股价的运行趋势为水平。

当上升趋势形成后，趋势中的调整为次级运动，调整的时间会减少，调整的空间会减小，所以不会扭转大的上升趋势；当下降趋势形成后，趋势中的反弹为次级运动，反弹的时间短，反弹的空间非常有限。如果此时逆势操作很有可能被下跌的大势瞬间吞没。

当股价沿着上升或下降的趋势运行，只要动能没有改变，波浪的关系没能出现背驰，趋势的作用就不会消失。若股价运行动能改变，只要波浪的性质没有改变，则不能确认股价运行趋势发生改变。只有当波浪的性质发生改变，才可以确认原有的趋势方向将发生转变。

第二节　如何判断波段的顶部和底部

对于波段的顶部与底部的判断有许多种。诸如通过量价关系、技术形态、均线指标等。无为股理认为，通过对波段推动力的背驰结构关系，是判断股价波段顶部与底部即将形成的最直接而有效的方法。

一、背驰结构的界定

当一个上涨波段完成三波攻击构架后，出现单一攻击阳 K 线小于随后的单一阴 K 线，即构成上涨背驰，上涨波段即将结束。

当上涨波段的阳 K 攻击组合小于此前阳 K 攻击组合时，即构成上涨结构的背驰。上涨波段即将见顶。

当股价处于下降波段时，完成三波下跌构架后，出现单一阳 K 线大于此前单一阴 K 线，即出现下跌底背驰，下跌波段即将结束。

当股价处于下跌波段，下跌攻击组合小于此前下跌攻击组合，即出现下跌背驰构架，下跌波段即将见底。

二、波段顶部形成的条件

（1）当波段构架满足于大于 3 波结构后，波段构架出现上涨背驰现象。

（2）双日 K 线组合出现滞涨信号。

（3）滞涨组合信号一经确认，即波段顶形成。

三、波段底部形成的条件

（1）下降波段满足于大于 3 波结构，波段构架上出现下跌背驰现象。

（2）组合 K 线出现止跌信号。

（3）止跌信号得到确认。

第三节　波段的实战应用

了解股价的波段构架，对于在实际操作中及时地判断价格波段的转折点十分重要。

一、波段底部买入案例分析

案例一：如图 6 - 4 所示，股价经过 5 个下跌波，并在第 5 波形成背驰波，预示整个下降波段即将结束。后止跌信号得到确认，构成波段的转换。由下降波段转换为上涨波段。

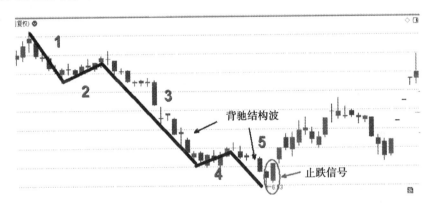

图 6 - 4

股理逻辑：图 6 - 4 中，1、2、4、5 两个波由于不满足波段须有至少三波转折的要求，因此，不构成波段，只能是下跌波段的一部分。第 3 波虽然从波段构架上讲，符合波段要求。但波段的终止信号并没得到确认。因此，它只能属于整体下跌波段中的中继阶段波。第 5 波明显与第 3 波形成背驰关系。随后止跌信号得到确认，下跌波段见底结束。

案例二：如图 6 - 5 所示，股价呈现 5 波下跌波段。第 5 波与第 3 波明显存在背驰关系。随后出现止跌信号，并得到有效确认。下降波段见底，转换为上升波段。

股理逻辑：第 1、3 波虽然从构架上讲可以单独成为一个下降波段。但它的止跌信号并没有得到有效确认。因此，不构成止跌波段，只能属于整体下跌波段的一部分。第 2、4 波两个波不能满足波段条件，也只能是整体下跌波段的中继波。第 5 波与第 3 波明显存在背驰结构，且随后出现止跌信号，并且得到明确的确认。下跌波段见底终止。

图 6 - 5

案例三：如图 6 - 6 所示，股价呈现 3 波下跌波段走势。第 3 波与第 1 波明显存在背驰结构关系。且出现明显的止跌信号，预示下跌波段见底。

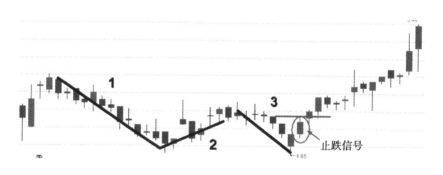

图 6 - 6

股理逻辑：第 1 波虽然符合波段条件，但没有止跌信号的确认，第 2 波属下跌波段的反弹波，不存在底的问题。第 3 波本身不具备独立波段的条件，因此，它只是下跌波段的一部分。而第 3 波与第 1 波性质相同，且构成背驰关系，预示下跌波段即将结束。止跌信号得到确认，新的上涨波段开启。

二、波段顶部卖出案例分析

案例一：如图 6 - 7 所示，股价走势呈现出 5 波上涨。其中，第 1 波从构架上符合波段构架要求，但滞涨信号并没得到确认，说明涨势仍会延续。第 2、3、

4、5波本身不构成波段，因此，只能属于整体上涨波段的延续波。第5波与第3波构成背离关系，预示上涨波段即将见顶。

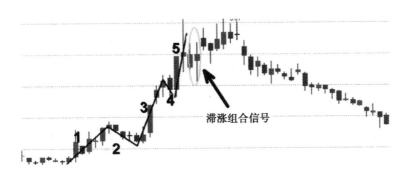

图 6 – 7

　　股理逻辑：第1波虽然符合构成波段的条件，但连续的阴K组合并没跌破前双阳组合，因此，波段顶的条件不能成立。第2、3、4、5波单独看都不具备波段条件。因此，只能是整体波段的延续部分。第5波与第3波性质相同，存在背驰关系，预示上涨波段将见顶。滞涨信号出现后，虽仍有上涨但并未走出强势。跌破滞涨信号，确认上涨波段顶部成立。

　　案例二：如图6–8所示，股价走出5波上涨波段。第1波上涨符合一个波段的要求，但由于它处于股价由调整波段转换为上涨波段的第一阶段，且没有非常明确的滞涨信号。因此，尽管它是一个完整的波段构架，但并不能表示上涨行情结束。第2、3、4、5波严格讲都不符合波段构架要求，因此，只能属于波段的中继波。第2波与第4波属于同性质的调整波，且第4波的调整时间和调整幅度都明显大于第2波，两者间存在背驰关系，预示上涨波段将近尾声。第5波后出现滞涨组合被有效跌破现象，确认整个上涨波段见顶结束。

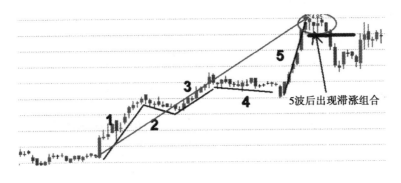

图 6 – 8

股理逻辑：第2、4波同属上涨波段中的调整波，但第4波的调整时间远多于第3上涨波说明波段结构出现走弱迹象。第4波调整幅度又大于第2波调整幅度，出现调整背驰结构，表明上行压力加大。第5波后出现滞涨组合预示上涨波段即将见顶。后市得到破位确认，波段见顶。

案例三：如图6-9所示，股价3波上涨后出现滞涨信号，随后滞涨信号被跌破。意味上涨波段结束，波段见顶。

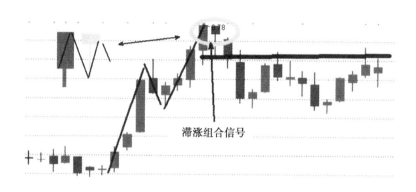

滞涨组合信号

图6-9

股理逻辑：波段构架虽然只完成了3波，但滞涨组合形成向下破位，即使后市能出现上涨，也会是强弩之末。从表面上看，此上涨波段是3波构架，似乎并不完全符合波段5波构架要求。但实际上长下影并头阴线与前一阳线暗含着阳阴转换的第4波和第5波。因此，判断上涨波段可能已经见顶。

《孙子·虚实篇》："夫兵形象水，水之形，避高而趋下；兵之形，避实而击虚。水因地而制流，兵因敌而制胜。故兵无常势，水无常形；能因敌变化而取胜者，谓之神。"

无为股理认为，波段走势构架虽有常形，但也非一成不变。市场是变化的市场，股价的走势也会随之而变，但万变不离其宗，只要把握阴阳转换这一规律，万法皆自然，负阴而抱阳。

第四节　K线运行的六个阶段

阴中求阳则阳得阴助而生化无穷，阳中求阴则阴得阳升而源泉不竭，K线运动的起伏是阴阳寻求平衡过程中体现，价格的波段恰恰很好地诠释了阴阳转换的自然规律。价格波段是从一个平衡趋向另一个平衡。新的平衡点就是太极转换点。《易经》中将事物发展演绎分为潜龙勿用、见龙在田、君子乾乾、或跃在渊、飞龙在天、亢龙有悔六个阶段。无为股理认为，股价的运行同样需要经历六个阶段完成合太极。

一、第一阶段：潜龙勿用

《易经·象辞》曰："潜龙勿用，阳在下也。"指一阳初生，立足未稳，故曰潜龙勿用。

在股票市场中，其对应的状态是股价处于空头趋势中，突然收出一较大的阳线，似乎呈起动状态。但此时市场总体上依然处于弱势，一根阳线能否改变弱势，尚存在许多不确定因素。因此，不必急于买入，需要进一步观察。在《易经》里针对阳气初生，提出了勿用，观察的观点。实盘判断，此时多头处在将萌而未萌时，犹如龙在潜伏之中。这种状态下，不能动，也不宜动，所以潜龙勿用。如图 6 - 10 所示。同方股份（600100）2020 年 6 月 1 日在经历长期大幅调整后，出现放量涨停阳线。显示股价有见底走强迹象。但由于股价并没有突破下降结构的压制，属于一阳初生，立足未稳的潜龙阶段。若贸然买入，或将出现"潜龙勿用，阳在下也"尴尬局面。

图 6 - 10

二、第二阶段：见龙在田，利见大人

《易经·乾卦》：见龙在田，利见大人。龙出现在地表之上，但需要有智者扶持。方能千里马遇见伯乐才会身价百倍，潜藏的"龙"，先要向具有龙德的人学习真本事。

在股市中多头经过一阳初生后初露锋芒。所处位置，仿佛腾跃出渊，飞临田地之上，阳气日盛。但此时多头的根基尚不稳定，需要有一股更强的力量扶持，即利见大人。这里的大人指更具实力的机构扶持。如果此时没有出现更强大的资金推动，股价也难以形成强势上攻之势。因此，实盘中应注意，当股价初显强势端倪后，关注是否有更强势的 K 线出现。如图 6 - 11 所示，北方稀土（600111）在 2020 年 7 月 3 日连续四天收阳，并突破此前的双阴组合，构成有欲飞之势。

随后出现一根更强的放量阳 K 线起到助力作用，股价出现加速上涨。步入见龙在田，利见大人阶段。

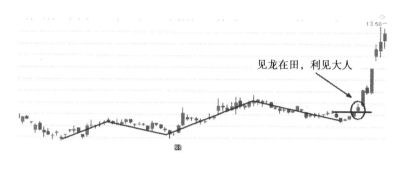

图 6 - 11

三、第三阶段：君子终日乾乾，夕惕若厉，无咎

《周易·乾》：君子终日乾乾，夕惕若厉，无咎。意思是说：有德之君子不仅要整天自强不息，勤奋谨慎；而且一天到晚都要心存警惕，好像有危险发生一样，才能免除灾祸，顺利发展。

在股市中经常会出现多头已显露出蒸蒸日上之势。但此时更需要加倍努力，因为风险随时都有可能降临。可谓是逆水行舟不进则退。因此，如果当市场处于强势向上时，应时时注意每日 K 线的走势，是否还能持续走出高点，若发现不能走出新的价格高点，则意味多头已放松了努力。接下来股价或将由上涨转变为下跌。空头的反扑随即而来，股价将进入调整阶段。如图 6 - 12 所示，股价在经过一波上涨后出现小幅调整，再出现上涨，步入君子终日乾乾，夕惕若厉阶段，需要时刻注意防范风险的来临。若此时股价不能出现新高，则意味多头已放弃努力，股价将进入新的调整阶段。

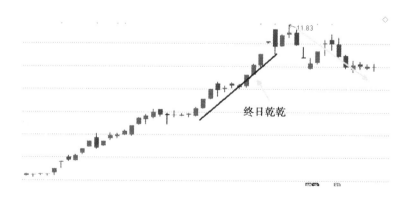

图 6 - 12

四、第四阶段：或跃在渊

《易经》中《坤卦第一》：九四，或跃在渊，无咎。【或跃】就是前进的意思。【在渊】就是退的意思。意思是说：事态的发展不管是向上或是向下，其本身都没有错，并没有超出常规。一切的结果是因为，君子进德修业即时上进所得到的，所以【咎无】。

在股市中股价在经历一波上涨或下跌行情后，往往会出现震荡整理行情。而整理后的方向选择无论是上行，还是下跌，其选择都没有错。投资者应根据市场的选择，顺势而动，才是正确的。如图6-13所示，股价长阳拔起，一举突破前下降趋势压制。随后长上影小阳，为不确定性质，或就此起飞，或重新潜入深渊。实盘中应等待后期的确认线出现再行买卖决定。

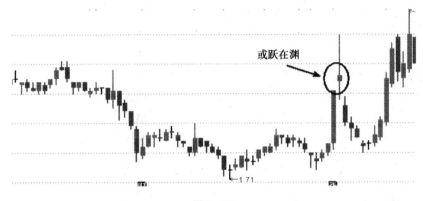

图6-13

五、第五阶段：飞龙在天，利见大人

《易经》中乾卦第五爻的爻辞："九五，飞龙在天，利见大人"。意思是说事物处于逐渐鼎盛时期。若想更向上进一步，则需要有更多的有识之士的扶持。这里所说的"大人"与"见龙在思，利见大人"中的"大人"意思不同之处是，此时更需要民众的支持。"大人"指"民众"。

股市中股价在经历前四个阶段的博弈与铺垫，空头退却，多头进入良好的上涨周期，市场见解达成一致，进入主升浪。此时行能否更进一步上涨，取决于市场能否出现更多的追随者。只要市场还存在众多勇于追高的投资者，那行情就不会停止。相反，若随着股价的上涨，市场的追涨意愿出现锐减，则市场将会进入下一个阶段，亢龙有悔。如图6-14所示，股价已出现了大幅度上涨，但市场热情不减，追买现象仍未减退，股价得到公众投资者的追捧。价虽高但仍能更上一层楼。飞龙在天，利见大人。

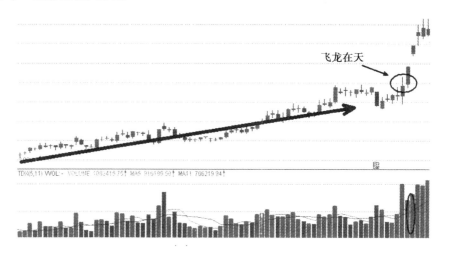

图 6 – 14

六、第六阶段性：亢龙有悔

《周易·乾》："上九，亢龙有悔。"意为龙飞到了过高的地方，必将会遭受灾难。居高位的人要戒骄，否则会因失败而后悔。后也形容倨傲者不免招祸。亢：极、高之意，阳气伸展到了极致，反转随之而来。

在股市中出现连续上涨的行情时，市场难免会出现亢奋的状态。然而，凡事都会有度，股价进入极致高位，必会出现物极必反现象。如图 6 – 15 所示，股价大幅上涨后，市场的追逐意愿减退，K 线出现滞涨组合，此时应及时获利了结。否则，会为接下来的调整而后悔。

图 6 – 15

小结：我们在这里讲了许多股市中价格运行的规律，但不等于学会了这些规律就可以赚钱。事实上，在此之前你一定学习了很多经典的投资理论，但仍没能赚到钱。为什么？老子讲天道，孔子讲人道，庄子也说盗亦有道……

在股市中我们又当遵循何道？规则之道。万法皆以规则为宗。理论只是指导你遵循规则的工具。如何应用理论指导实际的操作，则需要我们能否做到知行合一。

第七章　无为 K 线波浪理论

波浪理论是技术分析大师拉尔夫·纳尔逊·艾略特（R. N. Elliott）发明的一种分析工具，与其他追随趋势的技术方法不同，波浪理论可以在趋势确立的前提下，判断出在什么情况下现有的运行趋势将结束，是现存较为实用的预测工具。

一、什么是波浪

在股市中，波浪是指股票价格的波动，像自然的潮汐，波浪一样，一浪跟着一浪，周而复始，具有相当程度的规律性，以一种"可识别的模式"前进和反转，这些模式在形态上不断重复。

波浪理论具有三个重要方面：形态、比例和时间。形态指波浪的形态和构造，这是本理论最重要的部分。比例指通过测算各个波浪之间的相互关系，来确定回撤点和价格目标。时间指各波浪之间在时间上也相互联系。

波浪理论的三个出发点：

（1）人类社会永远进步向前。

（2）人类群体的行为是可以预测的。

（3）股市反映的就是人类的群体行为。

传统的波浪理论有三个重要概念：波的形态、波幅比率、持续时间。其中最重要的是形态。波有两个基本形态：推进波 5—3—5—3—5 和调整波 5—3—5。即上升波浪结构中的每一上涨波浪又可分为 5 个子波浪，每一调整波浪又可分为 3 个子波浪。若股价处于下降波浪结构时，每一下降波浪又可以 5 个子波浪形式出现。每个反弹波浪又可以 3 个子波浪形式出现。如图 7－1 所示。

图 7－1

波浪理论虽然具有许多优点，但它的缺陷也十分明显。诸如：①数浪难度大；②结论的多样性与易变；③忽视成交量；④更适用于事后验证。但笔者认为波浪理论中最大的问题是将原本属于一个波浪的一起一伏为一个波浪整体，人为地划分为一个上涨波浪和一个下跌波浪，违背了自然界规律法则。因此，对波浪的强弱判断存在着较大的缺陷，难以提前预判未来行情的强弱。

第一节　波浪理论

无为 K 线波浪理论是在道氏理论和艾略特波浪理论基础上，遵循道法自然及大道至简的原则，在传统的道氏理论和艾略特波浪的基础上做减法，存其精华去其烦琐，用于判断市场走向的技术分析理论。无为波浪股理认为，股价运行的波浪对股价未来的走势并不起决定性的作用。真正能对股价未来走势产生影响作用的是波浪性质的转变。波浪的性质不改变，股价运行的方向就不会改变。

无为 K 线波浪理论的特点如下：

（1）波浪是由一个上涨波段和一个下跌波段组合而成，并称一个波浪。即一起一伏为一个波浪。每一个波浪都会有三个转折点。

（2）波浪分为上涨波浪、下跌波浪及水平波浪三种。即当上涨波段大于随后的下跌波段时，称为上涨波浪。当上涨波段小于随后的下跌波段时称为下降波浪。当上涨波段与随后的下跌波段近于相等时，称为水平波浪。

（3）波浪的强弱由波浪的整体涨跌幅度确定。即以上涨波段幅度减去下跌波段幅度，确定波浪的整体实际涨跌幅度就可确定波浪的性质和力度。

（4）可以通过波浪间的背驰构架预判未来价格走势强弱概率。即同一性质的波浪，出现前一波浪大于后一波浪时，即称为波浪的背驰。当背驰波浪处于上升阶段，称为上涨背驰波浪，当背驰波浪处于下降阶段时，称为下降背驰波浪。背驰波浪的出现，预示行情将进入尾声。

（5）摒弃了数浪的烦琐。注重波浪的性质。即波浪的性质不改，则行情就不会结束。

（6）波浪性质的改变，意味行情性质发生改变。即如果前期行情由连续两个上升波浪组成，则行情性质视为上升趋势波浪。若接下来的第三波浪变换为下跌波浪或水平波浪，则行情的性质由上升转变为下降或水平趋势波浪。股价的上涨行情将结束。

（7）波浪的顶和底可以通过波段的构架与 K 线信号得出判断。即当构成波浪的波段满足于波段构架后出现滞涨或止跌 K 线组合信号时，就可确认波浪的顶或底。

（8）波浪的性质无须得到后一波段的确认。即当波浪三个转折点确立，波浪的性质即得到确立。

一、无为 K 线波浪理论对波浪结构的描述

（1）波浪是由一个上涨波段和一个下跌波段构成。如图 7-2 所示。

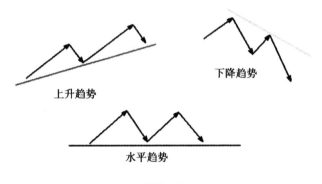

图 7 – 2

（2）波浪有三种表现形式：上涨波浪、下跌波浪、水平波浪。

（3）两个性质相同的波浪组合在一起，即形成趋势方向。如图 7 – 3 所示。

图 7 – 3

（4）两个性质不同的波浪组合在一起，即构成震荡调整走势。

二、调整波浪有三种表现形式

（1）上涨波浪转势结构：由上涨波浪转为下跌波浪。如图 7 – 4 所示。

（2）下跌波浪转势结构：由下跌波浪转为上涨波浪。如图 7 – 5 所示。

（3）水平波浪转势结构：由水平波浪转为上涨波浪或下跌波浪。如图 7 – 6 所示。

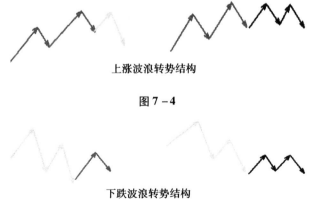

图 7 – 4

图 7 – 5

水平波浪转势结构

图 7 – 6

　　调整波浪往往以复合形式出现，即由上涨波浪转为下跌波浪或水平波浪后，又转为上涨波浪，反复无常循环。或者由下跌波浪转为上涨波浪或水平波浪后，又转为下跌波浪，反复无常循环。波浪性质的转换是构成买卖的必要条件。

第二节　无为 K 线波浪强弱结构的判断

　　《孙子·虚实篇》："夫兵形象水，水之形，避高而趋下；兵之形，避实而击虚。水因地而制流，兵因敌而制胜。故兵无常势，水无常形；能因敌变化而取胜者，谓之神。"这句话历来被称为灵活指挥战争的名言。

　　股市犹如战场，并不存在着什么固定的模式。投资者只有顺应市场的价格走势，见招拆招，见式破式，才能成为市场的赢家。而那些一成不变的教条只会成为束缚我们的绞索，最终导致死亡。在股市中首先要做到的是顺势而为。然而，要想做到顺势而为，必须先要做到识势。很难想象一个连趋势都分不清的投资者，怎么能做到顺势而行。

　　无为股理认为，股市中的价格运行趋势由价格波浪的结构所决定。波浪越强所产生的势就越大，趋势的延续时间也就越长。

　　《孙子·谋攻》："知己知彼，百战不殆。"股市中知己是指对自己的认知，如自身的优势与劣势。知彼即对市场的了解程度。股价运行的趋势是由 K 线波浪所决定。因此，了解 K 线波浪的本质特征就尤为重要。

　　无为股理认为：波浪的强度由三部分决定，即价格力度、时间周期、波浪级别。

一、价格力度

　　波段价格的强弱决定波浪的强弱：在上涨波浪中如上涨波段的价格趋势强于下跌波段的价格走势，其所构成的波浪属于强势波浪；反之，则是弱势波浪。强势波浪的表现形式为，单一阳 K 线数量多于单一阴 K 线数量，阳 K 线的涨幅大于阴 K 线幅度。如图 7 – 7 所示。

　　如图 7 – 7 所示，在上涨波浪的整体构架中，阳 K 线明显多于阴 K 线，且阳 K 线的涨幅明显大于阴 K 线的跌幅。属于强势波浪构架。

　　如图 7 – 8 所示，虽然波浪性质属于上涨波浪，但波浪的构架显示阳 K 线数量多于阴 K 线数量，但阴 K 线的下跌力度明显大于阳 K 线上涨力度。因此，它属于上涨弱势波浪。

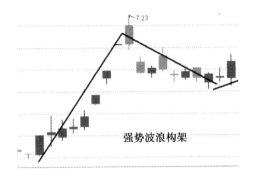

图 7 - 7

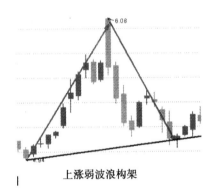

图 7 - 8

如图 7 - 9 所示，上涨波段明显小于下跌波段，属于下跌波浪性质。此外，尽管阳 K 线数多于阴 K 线数，但阴 K 线幅度大于阳 K 线幅度，因此，又属于强势下跌波浪。

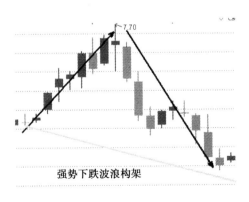

图 7 - 9

如图 7 - 10 所示，下跌波段幅度大于上涨波段幅度，波浪性质属于下降。波浪的整体阳 K 线多于阴 K 线，且阳 K 线实体普遍大于阴 K 线实体，因此，它属于弱下跌波浪性质。

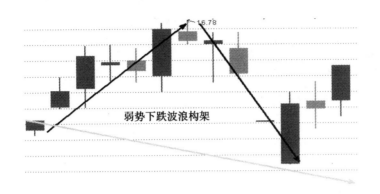

图 7 - 10

二、时间周期

一般而言，波浪的时间周期越长，波浪强力越强。但如果下跌波段的时间多于上涨波段所用时间，即认为波浪的强度不强。因此，以时间周期判断波浪强度需要注意以下三方面：第一，波浪的整体时间周期；第二，上涨波段与下跌波段时间周期比；第三，波浪的强弱周期对比须在同一性质的两个以上的波浪之间对比。而不能以单一波浪所用时间而定论。

如图 7 - 11 所示，两个相连的下跌波浪，前一下跌波浪的时间周期明显大于后一下跌波浪的时间周期。因此，前一下跌波浪相对后一下跌波浪就是强势下跌波浪，后一波浪是弱势下跌波浪，也称背驰下跌波浪。

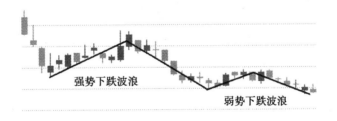

图 7 - 11

如图 7 - 12 所示，两个相连的上涨波浪，前一上涨波浪的时间周期明显少于后一上涨波浪的时间周期。因此，前一上涨波浪相对后一上涨波浪就是弱势上涨波浪，后一上涨波浪则属于强势上涨波浪，也称顺势结构波浪。

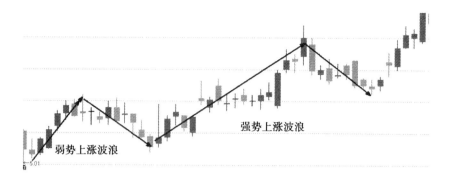

图 7 – 12

三、波浪级别

波浪是有级别划分的。在同一时间周期（如年、月、日、时间周期）构架下，波浪级别的大小取决于波浪的构架。不同时间周期单位的波浪级别无可比性。无为股理认为连续两个同性质的波浪相连可以构成股价走势的趋势方向，但并不是所有同性质的波浪相连都可以形成趋势。而那些不形成趋势的连接波浪，称为形态推动次级波浪，那些能形成趋势走向的连接波浪称为趋势性主升波浪。

如图 7 – 13 所示，两个性质相同的上涨波浪可以构成一个波浪低点相连的延长线与波浪高点相连的延长线永不重合，形成趋势通道，即上升趋势，称为趋势性主升波浪。

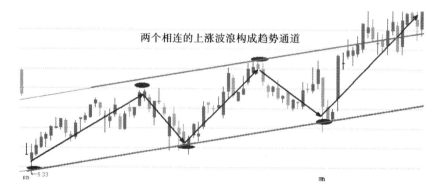

图 7 – 13

如图 7 – 14 所示，同为两个上涨波浪相连。但波浪低点的连接延长线与波浪高点的连线的延长线可以形成重合点。即趋势轨迹存在重合的可能。此类型上涨波浪组合称为上涨形态波浪，属于次级波浪。

如图 7 – 15 所示，两个相同性质的下跌波浪，组合成下降主趋势波浪。其要点在于两波浪低点连线的延长线与两波浪高点连线的延长线永不组合，即构成下降趋势主波浪。

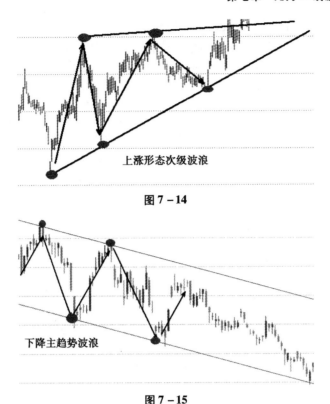

图 7-14

图 7-15

　　如图 7-16 所示，两个下降波浪的低点连线的延长线与两波浪高点连线的延长线可以重合，即不能称为下降主趋势，而只能属于形态结构的次级下降趋势形态。

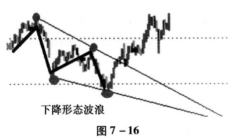

下降形态波浪

图 7-16

　　这里需要指出的是，趋势与形态不是一成不变的。两者间是可以相互转换的，即趋势可以演化为形态，形态也可以转换为趋势。因此，在股市的实盘应用时，需要仔细地判断两者之间的关系。

第三节　波浪与波浪间的关系

　　无为股理认为，波浪与波浪之间存在着因果关系，前一波浪是后一波浪的推动浪，后一波浪是前一波浪推动产生的结果。若前一波浪推动所产生的波浪性质相同，则为顺势关系；若前一波浪推动下产生的波浪与前一波浪的性质不同，则称逆势关系。若前一波浪推动的结果性质相同，但力度幅度小于前推动波浪的幅度，则称为背驰波浪关系。K线波浪与波浪之间存在着以下关系：

一、波浪的顺势关系

波浪的顺势关系即两个波浪的性质相同，且走势相连。第二波浪是第一波浪的延续，第二波浪的幅度大于第一波浪的幅度。即构成顺势波浪关系，顺势波浪关系的形成，往往预示着行情仍会继续沿着现存的股价运行方向震荡上涨。如图7-17所示。

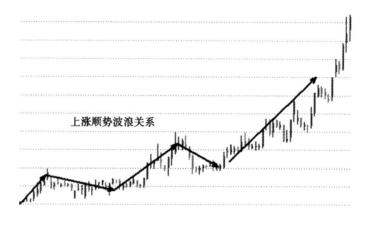

图 7-17

如图7-18所示，两波浪的性质同为下降波浪性质，且第二下降波浪的幅度大于前一下降波浪，构成下降顺势波浪关系。下降顺势波浪关系的成立，意味着后市股价仍会继续下跌。

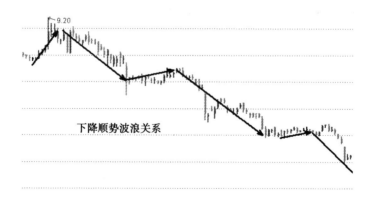

图 7-18

二、波浪的背驰关系

波浪的背驰关系是指，前一个波浪与后一个波浪的性质相同。但推动波浪产生的结果明显小于前一波浪，即波浪由强势波浪转换为弱势波浪。此类波浪性质相同，幅度减小的波浪关系，称为背驰波浪关系。

上涨背驰波浪关系如图 7-19 所示，上涨波浪 1 与上涨波浪 2 是上涨顺势波浪关系。第 2 上涨波浪与第 3 上涨波浪则是上涨背驰波浪关系。上涨背驰波浪关系的出现，往往预示上涨行情即将结束。

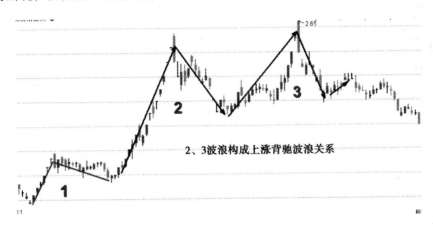

图 7-19

图 7-20 为下降背驰波浪关系，波浪 1 与波浪 2 构成下降顺势波浪关系。波浪 2 与波浪 3 则构成下降背驰波浪关系。波浪的下跌幅度小于前一下降波浪幅度，说明股价下跌的势头减弱。下降背驰波浪关系的出现，意味着下降的行情即将结束。股价将转向整理行情或上升行情。

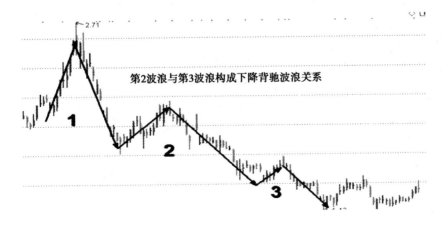

图 7-20

三、波浪的反转关系

波浪的反转关系是指前一个波浪与随后形成的波浪不属于同一性质形波浪。如前一波浪是上涨波浪，而一波浪转换为整理波浪或下跌波浪性质。又如由下跌波浪转换为整理波浪或上涨波浪。波浪出现反转关系，预示着股价的运行方向将发生改变。

如图 7 – 21 所示，股价前期运行于下降趋势，波浪的性质属于下跌波浪。随后股价由跌转升，波浪的性质发生了反转。由下跌波浪转换为上涨波浪。行情随即发生了转变。

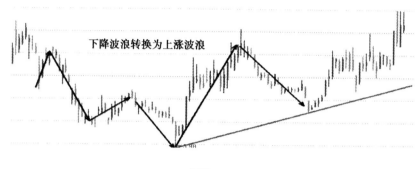

图 7 – 21

股理逻辑：波浪由连续的下跌波浪性质，转换为上涨波浪性质，说明市场多空力量发生了变化，市场收空转为多，后市股价将看涨。

如图 7 – 22 所示，波浪 1、波浪 2 两个上涨波浪构成向上的趋势，股价前期处于上升趋势中，波浪的性质属于上涨波浪性质。随后，波浪 A 走出下跌波浪，股价走出下跌性质波浪，股价就此出现下降行情。

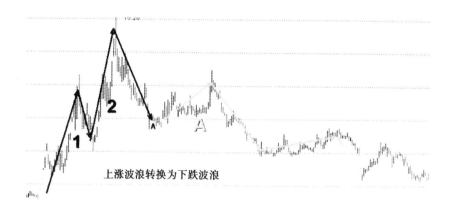

图 7 – 22

股理逻辑：价格波浪由连续的上涨波浪性质转变为下跌波浪性质，表明市场多头已失去了优势，股价走势将出现反转。

如图 7-23 所示，股价由水平整理波浪，反转为上涨波浪。股价结束长期的整理状态，形成新的上涨行情。

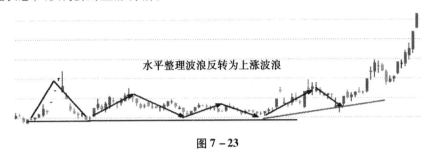

图 7-23

股理逻辑：股价运行的波浪性质由水平性质转换为上涨波浪性质，说明市场开始向多头转移，多空的平衡将被打破。

如图 7-24 所示，股价由前期的上升波浪转换为水平整理波浪走势。意味此前的上涨行情将结束。由图中可以看到，整理波浪的走势呈现出波浪性质的不断转换。反映出原多头的强势已不存在。多空力量已进入相对平衡阶段，后期的股价走势存在不确定性。

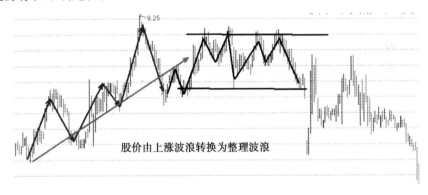

图 7-24

股理逻辑：股价的运行由连续的上涨波浪性质转变为下跌波浪性质，表明多方的攻击力减弱。后期波浪性质出现反复转换，说明多空力量处于焦灼状态，但由于波浪构架无法出现新的高点，表明空头稍占上风。

如图 7-25 所示，股价的走势由下降趋势波浪转换为水平趋势波浪。波浪的性质出现反复转换，说明股价的下杀已得到抑制。

股理逻辑：股价的运行波浪由连续的下跌波浪转换为上涨波浪，说明市场的杀跌力量已大为减弱。后市波浪性质虽有反复，但无法走出新的波浪低点，意味行情即出现反转。

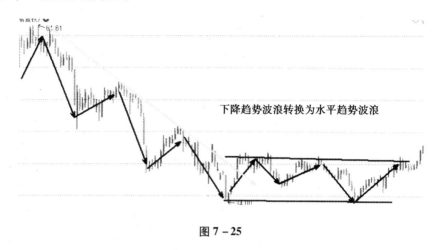

下降趋势波浪转换为水平趋势波浪

图 7 – 25

第四节　无为K线波浪股理交易策略

无为股理认为，K 线波浪的运动是有规律的。即由小波浪到大波浪再到小波浪，波浪运动的反转至少需要三个波浪才都完成。其所遵循的是《道德经》："道生一，一生二，二生三，三生万物"的哲学思想。认为股价的运行方向至少会有两个相对稳定的阶段，只有进入到第三阶段才最有可能出现变数。行情出现转折的概率才大。即"一鼓作气，再而衰，三而竭"的战略思想。认为只等到一波行情衰竭时，新的行情才有可能产生。因此，应用无为 K 线波浪股理，在交易战略制定上与传统的波浪理论完全不同。无为 K 线波浪理论更注重的是波浪间的衰竭关系及性质转换关系，而非波浪的循环关系。

一、交易策略的制定

良好的交易策略是获取收益的前提。好的交易策略的制定是建立在了解市场状态的基础之上。

（一）分析市场

首先，要清楚当前的市场环境处于什么状态之中。诸如：经济发展周期是处于发展周期，还是衰退周期。经济政策的制定向哪些行业倾斜，从中发现市场潜在的热点。

其次，在一个大的时间框架里（如年线、月线、周线图表）对目前的市场趋势走向做出判断，确定长期趋势的方向。再从日线图和小时图上进行分析，判断是否存在交易机会。如果从日线图表上分析得出的结果与通过周、月、年图表分析得出的结果矛盾，则应本着小周期服从于大周期，同时小周期又会引领大周期的自然法则，等待短周期与长周期的共振机会，看长做短。

（二）标的选择

永远跟着政策导向走，只有这样才能捕捉到市场的热点，进而寻找到龙头目标。但政策的导向往往是多方面的，因此，需要交易者有守定如山、顺势如水的信念。克服市场给予我们的各种干扰，只做认定的标的。

（三）交易时机

市场永远都是在不断的变化中，股市中每天都会有热点出现，但并不等于说每天都有好的交易时机出现。对于交易者而言，你的猎物只有一个。你需要的是猎物撞在你的枪口上的机会，而不是拿枪满山跑着追赶猎物。

（四）交易技法

交易技法包括买入技法与卖出技法。依据什么条件进行买卖，是获取收益的重要手段。目前市场中各种买卖技法五花八门，令人眼花缭乱。因此，交易者需要找到你最适合的技法，简单的方法重复用。前提是技法一定要适合市场环境。

二、交易技法的选择

子曰："工欲善其事，必先利其器"。工匠要想使他的工作做好，一定要先让工具锋利。当前，市场中的交易战法各种各样，诸如趋势交易法、均线交易法、形态交易法、K 线交易战法等少说也有上百种之多。应该说，这些交易方法都是前辈们总结出的经验，对后学者非常有帮助。但在使用上经常会出现诸多的失误，其错不在交易技法，而在于使用者对技法的性能不了解。犹如拿着竹签纳鞋底，费力不讨好。在此我们对常用的交易技法作一个简单的介绍。

（一）趋势交易技法

什么是趋势交易。趋势交易就是顺应股票的价格走势，寻求最佳的买卖时机。对于股市投资者来说，趋势交易无疑是目前技术分析中的主流。在一波上升的趋势中，选择做多，正确的概率很大，失败的概率却很低。这是趋势交易的核心思想。当然，趋势交易从思想发展到今天，成为可实际操作的技术，需要许多细节的把握。其中，对趋势的判断，买卖时机的把控是关键的一步。突破交易是趋势交易的最为重要的交易方法。突破交易分为逆势突破交易和顺势突破交易。

（1）逆势突破交易技法：此前股价处于下降趋势中，当前股价突破下降趋势的压制，形成向上突破的态势。这表明股价经过长时间大幅调整后，股价已进入低位，市场的惜售情结增加，市场的多头开始逢低抢筹。对下降趋势压制线的突破，构成战略性的买入时机。如图 7 - 26 所示。

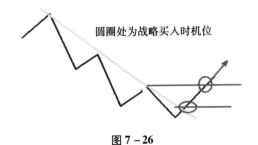

圆圈处为战略买入时机位

图 7 - 26

（2）顺势突破交易技法：顺势交易技法就是在股价对下降趋势形成突破后，再次出现回踩，波段构架不再出现新的低，股价反身向上走出新高，即构成顺势交易买入时机。如图 7 – 27 所示。

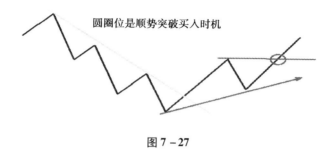

图 7 – 27

当股价跌破上升趋势线时，意味上升趋势即将结束，股价将可能出现调整或下跌走势，此时，应适时卖出股票。如图 7 – 28 所示。

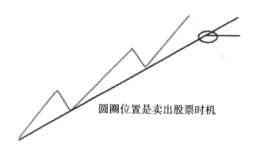

图 7 – 28

趋势交易技法主要应用于趋势已经明确市场或个股的顺势交易。在股市（单边交易市场）中它只适合于股价处于上升趋势阶段，不适合处于下降趋势的反弹行情的交易。

（二）均线交易技法

该方法是一种简单而最为实用的交易技法。均线交易技法同属于趋势交易，所不同的是它以均线的运行方向判断价格趋势方向。均线交易有着明确的交易法则。其中最著名的是葛兰八法则。均线交易法可以通过一条均线进行交易，也可以用两条或多条均线组合进行交易。但它遵循的总原则是趋势向上及转折的交易法规。

（1）单一均线交易技法。单一均线交易技法的均线参数通常设置为 5 日均线（MA5）。当然，也可以根据自己的意愿设置任何一个均线参数值作为判断交易的依据。如图 7 – 29 所示。

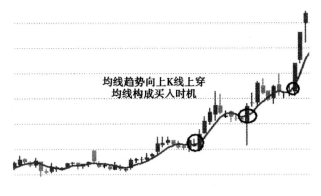

图 7 - 29

如图 7 - 30 所示，均线趋势出现下降走势，股价由均线上方跌破均线，即构成卖出时机。

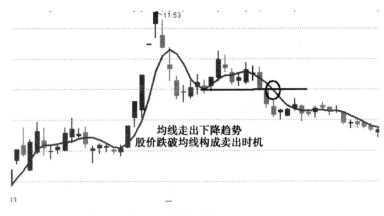

图 7 - 30

（2）双均线组合交易技法。双均线组合交易技法，首先需要设置两根不同周期的均线，一般均线参数设置为 5 日均线与 20 日均线相组合。当然，也可以根据自己的喜好设置不同的均线参数组合。交易的原则是均线方向向上，短均线上穿长均线。如图 7 - 31 所示。

如图 7 - 32 所示，短均线与长均线形成死叉向下，且均线方向同为向下，即意味着股价已步入下降阶段，应适时卖出股票。

均线交易技法的优点是买卖信号非常明确。但它的缺点也十分明显，首先，它需要投资者对趋势有准确的判断能力，否则，很容易落入金叉买入、死叉卖出的信号陷阱。其次，它有明显的滞后性，即它不会让你买在相对低的位置，也不会卖在相对高的位置。要克服这些缺点需要投资者对时间周期关系有很好的理解。

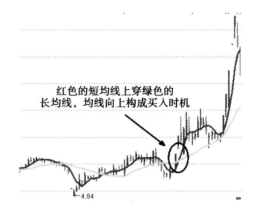

图 7 – 31

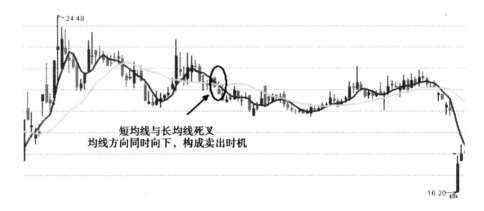

图 7 – 32

（3）形态交易技法。该方法是一种比较安全的交易技法。简单地说，就是股价向上突破 K 线波段组合形态即买入，向下跌破 K 线波段组合形态即卖出。但在实际应用中经常会受到技术形态所处的位置不同，被假突破所误导买入造成损失。因此，需要投资者对股价所处的位置有较好的判断力。

如图 7 – 33 所示，股价经过长期调整后，在底部构成技术形态，随后股价向上突破的技术形态，形成新一轮的上涨行情。

如图 7 – 34 所示，股价冲高后在高位构成整理形态，随后，股价跌破技术形态，形成下跌行情。

（4）K 线交易技法。该方法的好处是，买卖技法简单且多样。通常可以通过一根 K 线或三、五根 K 线的组合即可判断出市场当时的多空状态，作出买卖的判断。缺点是买卖信号相对频繁，需要有一定的鉴别能力，否则，很容易落入信号陷阱。

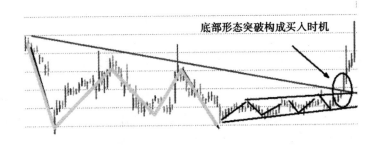

图 7 – 33

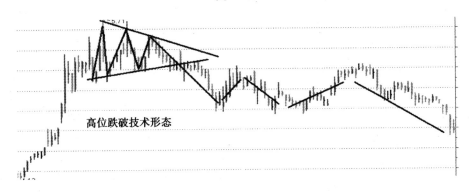

图 7 – 34

如图 7 – 35 所示，股价大幅度下跌后，K 线组合发出止跌信号，随后，止跌组合信号得到确认，买入条件成立。

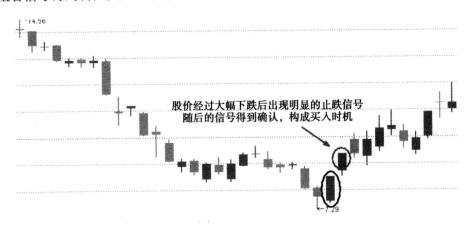

图 7 – 35

如图 7 – 36 所示，股价大幅上涨后，K 线组合发出滞涨信号，应及时卖出手中股票。

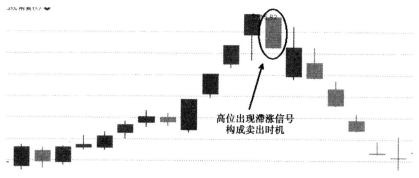

高位出现滞涨信号
构成卖出时机

图 7 – 36

对于交易者而言，股市交易，是一门艺术，而不是技术，是艺术就不可能完美。各类交易皆各有利弊，没有最优。你能对某种交易方法理解得更透彻，对你而言那就是最好的。随着科技的发展，目前许多人都在追随量化交易。但好的交易体系未必适合公众投资者，因此，盲目迷信某一交易体系，或所谓的一招鲜，是交易理念的最大误区。

第五节　无为 K 线波浪股理交易法则

无为 K 线股理在制定交易规则上，追求的不是完美，而是最大程度上符合价格运行规律，价格走向转换的概率性，及实盘的可操作性。无为 K 线波浪股理在交易规则中遵循：趋势—形态—位置—信号。

一、交易理念上信守

趋势决定钱途，形态决定买卖。位置决定性质，信号决定标的。

趋势：即股价运行的方向。趋势是决定交易最终结果的先决条件。

在股市中有这样一种说法：顺小势者赚小钱，顺大势者赚大钱，不顺势者要赚钱，可见趋势的重要性。但趋势不等于交易，趋势只是告诉你应该遵从的交易方向，而无法告诉你什么时间进行交易。

形态：是价格波段反复震荡的结果，是市场成本趋向一致性的体现。技术形态的本质是市场价格成本集中区域。形态的突破反映出市场群体行为趋向一致。因此，是决定交易的时机。但形态的位置决定形态的性质。了解形态的性质对投资者而言至关重要。

位置：是指股价当前所处的阶段。无为股理将股价所处的位置分为"起、承、转、合"四个阶段。由于位置的不同，交易的策略也会不同。"起"为股价对原有的下降趋势形成突破，新的上涨行情有望开启阶段。此阶段交易策略以择机买入为主。"承"是指对行情的继承延续。在上升趋势中交易策略是以持股为主。反之，在下降趋势中则要秉承持币等待的交易策略。"转"即行情的走势已出现弱化的迹象，市场的多空双方从一方占据绝对优势向趋于平衡方向转换。股价的涨跌势头趋于平缓。交易策略上需要保持谨慎，适时地放弃一些交易机会，观望为主。"合"即原有的上涨或下跌行情结束，但新的行情处于尚未形成的混沌阶段。交易策略上则以等待时机为主。

信号：是指交易目标的出现。此时的交易策略是密切关注，一旦起动信号被确认就需要果断出击。无为股理认为，没有交易信号的交易行为是盲目的，是一切失败交易的根源。信号在整个交易策略中是最为重要的一个环节。它如同运动员站在起跑线，但发令枪没响却抢先起跑，即使你是再优秀的运动员，同样，会被清场出局。

古人云："一鼓作气，二而衰，三而竭"。无为 K 线股理认为，由 K 线波段构架形成的 K 线波浪，同样存在着这一规律，即价格的波浪运动，都会有一个由强转弱的规律，从而产生新的价格运行方向，即趋势的重生。交易的机会也由此产生。顺应趋势走向是制定交易策略的首要必要条件。《孙子·虚实篇》："夫兵形象水，水之形，避高而趋下；兵之形，避实而击虚。水因地而制流，兵因敌而制胜。故兵无常势，水无常形；能因敌变化而取胜者，谓之神。"股价的运行应势而行，形态顺势千变万化。在制定交易策略上也应本着避实击虚的原则，因其形的成因而制定交易策略，不可一味追求形态的突破。因此，判断价格走势之形态的性质，是交易成败关键。

位置与信号是交易策略的另外两个非常重要的部分。俗话讲："君子不立危墙之下"。最大限度地规避风险是交易的重要法则。这里所说的位置即指交易所面临风险与收益的比率，或简单地说是交易后的上涨与下跌的空间比。若经过判断后，预示风险大于收益概率，则认为当前位置不适合交易。信号在此作为一种交易指令，令出即行，交易者必须遵守纪律。没有指令的买卖行为，是交易失败的最大根源。

无为 K 线波浪股理交易铁律：
（1）趋势不变只做顺势交易。
（2）趋势反转只做形态交易。
（3）波浪衰竭参预转折交易。
（4）波段反转只做投机交易。
（5）趋势上涨可做加仓交易。
（6）趋势下降不做补仓交易。
（7）震荡行情坚决不做交易。
（8）止损信号出现终止交易。

二、交易案例分析

（一）顺势交易

如图 7-37 所示，股价由下跌波段转整理波段，随后形成上升趋势。上升趋势形成后，每次回调都保持良好的上升构架。调整波段结束发出波段止跌信号，构成顺势买入交易条件，即刻买入。

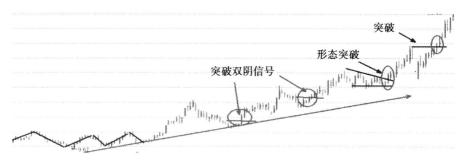

图 7 - 37

股理逻辑：①符合趋势向上法则；②上升波段构架形态完好；③上升趋势波段回调位置符合波段回调幅度不大于上涨波段二分之一位；④波段止跌信号明确符合顺势买入条件。

（二）反转形态交易

如图 7 - 38 所示，股价对前期下跌趋势高点位形成突破，意味下降趋势结束。随后股价出现下楔形构架调整走势。经过一段时期调整再次选择向上突破。构成趋势反转后第一技术形态的突破交易条件。即时买入。

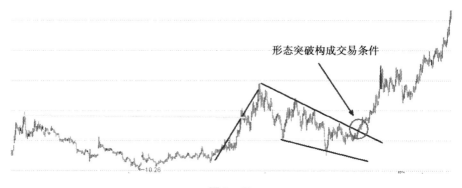

图 7 - 38

股理逻辑：①股价对前下降趋势高点形成突破，符合趋势反转的条件。②突破后走出整理形态，且形态整体与上涨波段构成上涨波浪，形成波浪性质反转。③股价突破形态整理预示调整结束。

（三）波浪衰竭交易

如图 7 - 39 所示，股价出现三波浪式下跌，下跌第 3 波浪与第 2 波浪形成背驰关系。预示下跌势头出现弱化。此时，K 线组合出现明显的止跌信号。暗示下跌行情即将结束，可适时参与股票交易。

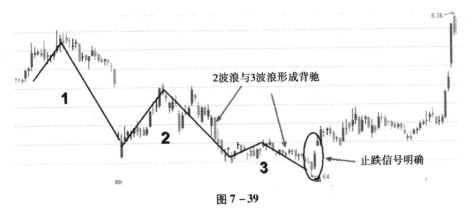

图 7 - 39

股理逻辑：①股价经历三个波浪下跌，做空能量得到消耗。第 3 波浪与第 2 波浪形成背驰关系证实了这一点。②K 线组合出现止跌信号，意味行情即将见底反转。③止跌信号组合被突破，下跌衰竭得到确认。构成下跌衰竭交易机会。

（四）波浪反转投机交易

如图 7 - 40 所示，股价的运行波浪由下跌波浪性质转变为上涨波浪性质。意味短线股价由弱转强。此时，若 K 线组合发出明确的波段止跌信号，市场若有投机性短线交易机会，即时买入。

股理逻辑：①波浪性质发生变化，由下跌性质转换为上涨性质。意味市场转强。②K 线组合发出调整止跌信号，意味短线市场存在获利机会。③但股价的运行尚未形成趋势，且没有波段高点出现。只能考虑短线投机性交易，需要以仓位控制意外情况的发生。

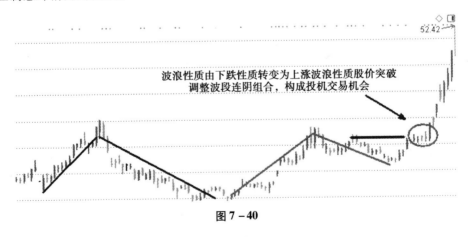

图 7 - 40

（五）背驰突破交易

如图 7 - 41 所示，股价的运行呈现出横盘震荡调整走势。在调整中形成三波浪背驰关系，意味股价的调整即将结束。此时，若股价形成向上突破，则预示行情性质将发生变化，可适当参与股票交易。

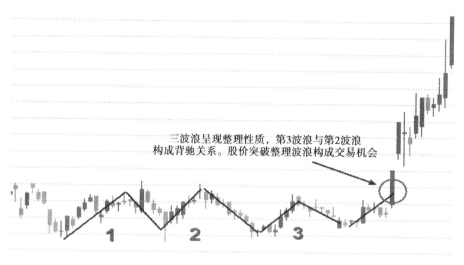

图 7 - 41

股理逻辑：①股价横盘震荡整理，表明市场多空力量趋于平衡。②整理波浪关系出现背驰关系，意味多头转强迹象出现。③股价向上突破整理构架，多头试图进攻，适时参与股票交易。但需要控制仓位。

（六）顺势加仓交易

股价趋势逐渐形成，此时，若出现中继性买入信号可以再度加仓买入。如图 7 - 42 所示。加仓条件：趋势保持完好；阴阳转换呈现阴阳反身构架，阳线明显大于阴线。

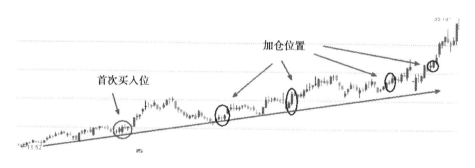

图 7 - 42

股理逻辑：①趋势保持完好，波浪性质不改，说明市场仍处于强势。②上涨途中出现调整，但阳强阴弱，表明空头无心下杀。③阴阳反身信号，表示多头仍存上攻意愿，加仓买入。

（七）趋势反转卖出交易

如图 7 - 43 所示，股价处于上升趋势中。但上升趋势中的上涨波浪出现背驰关系，意味着趋势的攻势出现弱化。此时，出现滞涨 K 线组合信号，应注意减仓，跌破趋势线全部卖出。

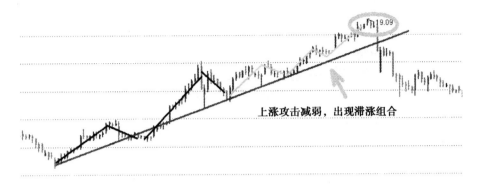

图 7 - 43

股理逻辑：①上升趋势中出现背驰波浪，说明多头攻击力减弱。②K 线组合出现滞涨信号，表明上涨行情即将结束。③跌破上升趋势线，反弹又不能收复，确认行情发生转变，卖出。

第六节 交易的止损法则

在这里不想说止盈的问题，尽管那也是一个很重要的问题，但止损比它更重要。因为如果你不知道控制风险，那么早晚你会被风险所控制。在股票市场中，经常会因为一次的亏损，将之前所有的盈利全部吞噬掉。原因就在于不懂得止损，或根本不想止损。笔者曾经遇到过这样一位"专业人士"号称自己从不止损。问他为什么？回答说：跌下来我再补仓。结果一年后他被市场开除了。所以学会止损对投资者而言是延长投资生命的法宝。

一、止损的原则

在许多人看来止损就是买入被套，最后割肉了之。其实这是对止损的一种误解。如图 7 - 44 所示，在 A 位置看到股价走势强劲，于是买入股票。但买入后股价不涨反跌，且调整时间达 30 天，最后忍不住割肉卖出。谁知刚刚卖出，股价却出现了一路上涨。出现这种现象的根本原因就是没有止损的原则。从图中不难看出，虽然买在了波段的高点，但股价的调整并没有跌破上涨波段中的多头组合攻击波，尽管调整的时间有点长，但调整的幅度并没出现破坏现象。因此，选择割肉止损就显得盲目。而这张图真正的止损位应是 C 点位。原因是买入后，连续两天调整后反弹不能收复高点阳线的底，预示多头无力，止损出局。

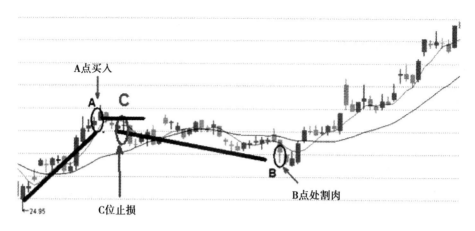

图 7 - 44

止损的原则：

（1）阳线攻击组合的高点，阳线的低点被跌破止损。

（2）买入信号被跌破止损。

（3）技术形态被跌破止损。

（4）趋势被破坏止损。

（5）遇到利空消息止损。

二、止损技法的应用

凡事都有法规，在遵守原则的基础上严格按照交易规则去做。止损技法实质就是一种卖出技法，即卖出规则。

（1）买入信号消失卖出技法：如图 7 - 45 所示，股价的运行波段底抬高，阳K线突破此前连续的阴 K 线组合压制，显示多头强势，构成买入信号。但随后买入信号被跌破，则预示买入失败，应立即止损。

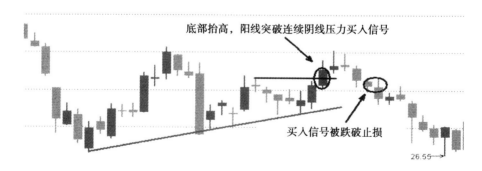

图 7 - 45

（2）形态破位止损技法：如图 7 -46 所示，股价突破前波段高点往往会有买入的欲望。但买入后出现了横盘整理，随后跌破了横盘整理，形成向下破位，此时应依据形态破位止损的原则，立即止损。从这一案例我们可以看出，股价前期走势呈现上升趋势，突破波段高点构成买入信号，实施买入并不错。但市场永远是对的，买入后不涨，并跌破买入信号位，就需要我们认错，并纠正错误。交易最怕的就是知错不认错。

图 7 -46

（3）趋势破位止损技法：如图 7 -47 所示，股价延着上升趋势向上运行。此时，股价出现强势上涨，引发买入欲望。但买入后股价不涨反跌，并跌破上升趋势线。应遵循跌破趋势线止损的原则，立即止损。上升途中出现强势买入信号，买入并没错。但市场随后发出卖出信号就必须坚定卖出。即当买则买，当卖则卖。遵守交易原则是唯一正确的选择。

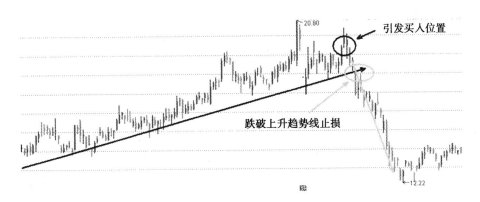

图 7 -47

（4）多头组合破坏止损技法：如图 7 - 48 所示，股价出现了连续的阳线上攻，很容易引发追涨买入的欲望。但有时追加买入后，发现股价不涨反跌，并跌破了连续阳线的底。这意味着原多头的进攻失败，应立即遵循多头组合的破位的止损原则卖出手中的股票。

图 7 - 48

最后要说的是，行情永远无法预测，不要因为止损而后悔。经常会有这样的投资者，会因为一次错误的止损，而去否定交易原则，或怀疑交易法则，致使错误的交易理念永恒地在市场中蔓延下去。因为，放纵是最容易接受的朋友。

小结：股价永远是以波浪形式运动着，因此，不要指望股价会直线上涨或下跌。波浪也是有规律的，它的运动规律是由小变大再变小。当一个行情结束前，波浪总会提前给你发出警示。在这个市场中永远不要去数浪，因为那会浪费你太多的精力。而你只需要关注波浪性质的变化，即可发现行情运行的方向已在改变。

第八章 无为趋势股理及应用

对交易者而言，做好当前的交易，比看清未来的趋势更重要。

趋势理论对股市投资者而言，可以说是既熟悉又陌生的理论。说它熟悉，是因为没有哪一位投资者不知道趋势理论，说它陌生，是因为真正懂得趋势理论的人少之又少。许多投资者在股市中拼搏了10多年，嘴上天天都在讲顺势而为，却时常做逆势而为之事。原因就在于根本就不知道什么是趋势。

那么，什么是趋势？在股市中趋势就是股价运行的方向，在通常的情况下，股价的运行方向不会是朝某一个方向直来直去，股价运行永远是以波浪形式震荡前行。

无为趋势股理认为，股价运行的趋势对股价未来的走势起着决定性的作用。趋势的走向不被破坏，价格运行的方向就不会被改变。趋势能起到指引交易方向的作用，但不能构成交易的条件。真正能构成交易条件的是搭建趋势的波段构架。

第一节 无为趋势股理与传统趋势理论的区别

首先，让我们先来看看传统的道氏趋势理论对趋势是如何解释。道氏趋势理论认为任何市场都有三种趋势：短期趋势，持续数天至数个星期；中期趋势，持续数个星期至数个月；长期趋势，持续数个月至数年。任何市场中，这三种趋势必然同时存在，彼此的方向可能相反。同时，传统的趋势理论又将趋势分为主要趋势和次级趋势两个级别。趋势理论认为：趋势就是股票价格市场运动的方向。主要趋势，又称为基础趋势，是指股价运行的主导方向。次级趋势，是与主要趋势运动方向相反的一种逆动行情，干扰了主要趋势。在多头市场里，它是中级的下跌或"调整"行情，在空头市场里，它是中级的上升或反弹行情。通常情况下次级趋势不会对主要趋势造成破坏。

道氏理论有三个核心思想，即三重运动原理、相互验证原则和投机原理。

其中，三重运动原理是核心的核心。这个原理发源于自然法则，其中大级别的基本运动的规律能够为我们所把握，单次级运动带有一定的欺骗性，而日常波动这样小级别的运动具有很强的随机性，不能为我们所把握。这是由于它们的运作机理不同。这个原理告诉我们，市场的主趋势是可以被预测的，但具体运动轨迹是不可预测的。

无为趋势股理认为：①趋势是事物运行的方向，而任何事物的运行都是有规律的，因此，趋势的运行方向也是可预测的。在股市中尽管存在着大量的人为操纵的行为，人们对某些突发的行情无法把握，但不等于说股价的运行是无规律可遵循。②趋势不会是直线运行的，它是以波浪的形式表现。即当连续出现的波浪性质相同时，趋势运行的方向将是相同的，或上升趋势或下降趋势。当波浪的性质不同时，趋势的方向将发生改变。③趋势存在着周期转换规律。即趋势波浪的周期会由小到大再由大到小这一规律完成一个趋势的轮回。④趋势存在着周期等级。趋势周期等级的性质可以相同，也可以不同。两个不同等级的趋势关系是：小趋势周期服从于大趋势周期，小趋势周期又引领大趋势周期。

第二节　趋势性质的界定

趋势分为上升趋势、下降趋势、水平趋势三种形式。

无为趋势股理对趋势的判断有着非常明确的标准。

（1）上升趋势。构成上升趋势的条件：①两个波浪的性质必须同为上涨波浪性质，且两个波浪相连。②两个波浪的低点不断抬高；同时两个波浪的高点也必须抬高。③两个波浪的低点连线的延长线与两个波浪高点间的连线延长线永不重合。即此时股价的运行趋势处于上升趋势。如图 8-1 所示。

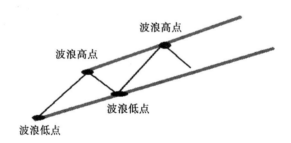

图 8-1

（2）下降趋势。构成下降趋势的条件：①两个波浪的性质必须同为下跌波浪性质，且两波浪相连。②波浪的高点不断降低，波浪的低点也不断地降低。③将两波浪的高点连线的延长线与两个波浪低点的连线延长线永不重合。构成下降趋势。即股价处于下降趋势中。如图 8-2 所示。

（3）水平趋势。构成水平趋势的条件：①两个波浪的性质同属于整理波浪，且两个波浪的高点近于相等，两个波浪的低点也近于相等。②两波浪的高点连线与两波浪低点连线，处于近于平行状态。即构成水平趋势。如图 8-3 所示。

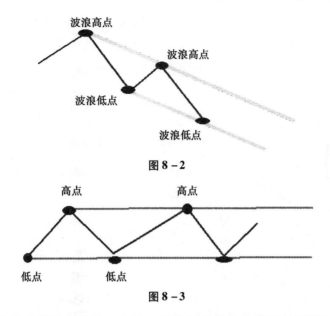

图 8 - 2

图 8 - 3

判断趋势性质的最主要的一点是，趋势的上沿线与趋势的下沿线运行的方向必须一致。当方向同时向上时，则股价处于上升趋势；当方向同时向下时，则股价处于下降趋势；当同为水平走向时，股价处于横盘整理中（水平趋势）。

当波浪的上沿线与波浪的下沿线方向不同时，则股价处于无趋势的形态震荡运行中。

几种常见的对趋势误判的表现形式：

（1）误判为上升趋势（错误案例 1）。如图 8 - 4 所示。经常会以 A 点与 B 点相连线，认为股价处于上升趋势。但由于它不符合连续两个上涨波浪相连的条件即波浪的低点连线与波浪高点连线方向必须是同向的标准条件。因此，不能构成上升趋势。

图 8 - 4

（2）误判为上升趋势（错误案例2）。如图8-5所示。连续的阳线上涨，断定波段低点抬高，于是判断股价将上涨，回调遇趋势线收中阳线买入。结果事与愿违，股价持续下跌，违背了趋势判定原则，即上升趋势必须由连续的两个上涨波浪构成。

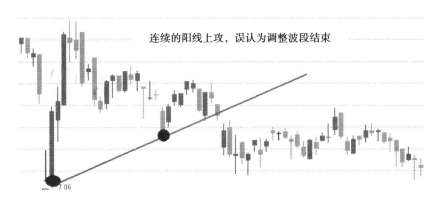

连续的阳线上攻，误认为调整波段结束

图8-5

（3）误判为上升趋势（错误案例3）。如图8-6所示。波浪虽然出现连续两个上涨波浪，但波浪高点没有抬高，不符合上升趋势要求的波浪的高点间连线所形成的运行方向必须与波浪低点连线的方向相同的条件。因此，不构成上升趋势。

误判趋势，买点错误

图8-6

（4）误判为下降趋势（错误案例4）。如图8-7所示，波浪的高点出现了不断降低的现象，于是将股价的走势判定为下降趋势。其实股价的运行处于整理状态。原因是不符合下降趋势需要由连续的两个下跌性质波浪组成，且波浪的高点之间的连线与波浪低点之间的连线所形成的运行方向相同的条件。

图 8 - 7

第三节　趋势的级别划分

趋势的级别是以时间周期划分。时间周期越长趋势的级别越大，趋势的时间周期分为年、月、周、日、时五个级别。趋势级别越大越接近于市场的自然运行规律，其稳定性越好；趋势级别越小，其人为操纵的可能性越大，其变数越大。但无论级别的大与小，其运行都是有规律可循的。

不同级别的趋势结构对于投资者而言有不同的意义。一般而言，以年或月为时间周期的趋势走向对普通的公众投资者没有实际的操作参考意义，而以周、日、时作为时间周期的趋势走向对公众投资者具有非常重要的意义。

无为趋势股理认为，趋势是由两个以上的波浪构建而成。而一个结构完整波浪至少需要由 9 根以上 K 线组成。因此，完整的趋势至少需要由 18 根 K 线形成。当然，在实际情况中经常有残缺结构形成的趋势出现，但这并不影响我们对趋势方向的判断。不同的周期趋势其市场的引导作用力是不同的。

（1）周级别趋势：即以周 K 线构建的价格趋势方向。它属于中期趋势方向，具有较好的稳定性，不容易被人为所操纵，比较接近市场的真实的多空力量对比。对中长期投资有着较好的方向指引作用。缺点是它可能会让你错过市场的最佳买入时机和卖出时机。

（2）日级别趋势：即以日 K 线构架形成的趋势，它属于短期趋势方向，是市场最常用的一种判断股价运行趋势的方法。它的稳定性一般，很容易受外界的影响，产生残缺式趋势构架。但它的可操作性较强，投资者对买卖点的把握相对较为简单，容易买在相对的低位，卖在相对的高位。缺点是有时趋势周期会很短，或因意外事件而突然终止。

（3）时级别趋势：即以 60 分、30 分、5 分 K 线等时期周期为单位搭建的价格趋势，属于超短周期趋势。它的优点是能第一时间发现价格运行方向出现改变，及时地调整操作策略，是短线炒手的利器。缺点是很容易被人为操控，不容易把握趋势波浪节奏。

无为股理认为，在通常情况下，趋势不会单独存在。在一个上升趋势中，往往会包含着下降趋势或水平整理趋势；下降趋势中也同样地会包含着上升趋势或水平整理趋势。即你中有我，我中有你，交汇融合。也正因如此，才给了我们依托趋势进行交易的机会。如图8-8所示。

图8-8

第四节　如何确立趋势的形成

无为股理认为，趋势是由至少两个性质相同的波浪组成。如上升趋势必须由两个相邻的上涨波浪构成。其向上的趋势线由第一上涨波浪的起点与第二上涨波浪的终点连线而成，如图8-9所示。

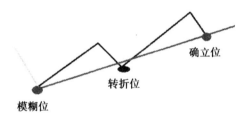

确立位

转折位

模糊位

图8-9

无为股理认为，趋势由两个同性质波浪构成，并将趋势的起始点称为模糊位；将第一波浪的终点即第二波浪的起始点称为转折位，第二波浪的终点称为确立位。以模糊位与确立位相连线构成上升趋势线。

模糊位：之所以称为模糊位，是因为此处是下降趋势中的一个波浪低点，且波段出现向上转向。但并不能确定后市不再出现波浪低点，属于不确定性位置，所以称为模糊位。

转折位：此处已可以确定波浪性质发生了改变，形成了波浪性质的转折。但由于此时并不能确定后市波浪能走出新高，因此，不能确定趋势已经形成，所以称它为转折位。

确立位：此时，波浪已连续走出两个上涨性质波浪，且第二个上涨波浪的高点高于第一个上涨波浪高点，形成对趋势的确立。因此，定为确立位。

下降趋势的确立方法如图8-10所示。它是由两个下跌性质波浪构建而成。它同样由模糊位、转折位、确立位组成。下降趋势的连线是由模糊位与确立位相连。

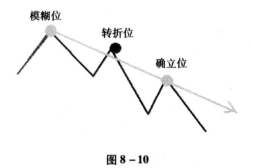

图 8 - 10

　　水平趋势的确立方法，两个相连的波浪性质同属于整理波浪，即两波浪的高点近于水平，两波浪的低点也近于水平。以波浪的模糊位与确立位相连线构成水平趋势运行区间。如图 8 - 11 所示。

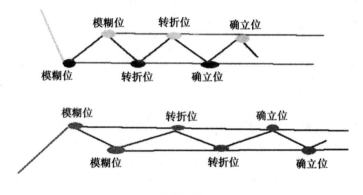

图 8 - 11

　　通过上述的展示，我们对趋势的性质判断有了个较为清晰的认识，为如何利用趋势进行交易打下基础。

　　上升趋势实例如图 8 - 12 所示。

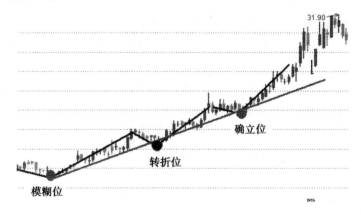

图 8 - 12

下降趋势实例如图 8 - 13 所示。

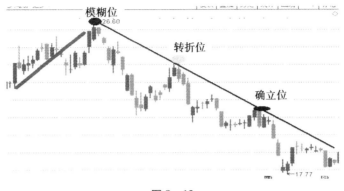

图 8 - 13

水平趋势实例如图 8 - 14 所示。

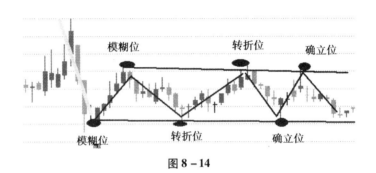

图 8 - 14

第五节　趋势反转的判断

有人说趋势是交易者最好的朋友，这话似乎很有道理。因为，当你尝试与趋势抗争，就等于站到市场的对立面。只有顺应趋势方向进行交易，交易者才可以通过趋势判断交易的方向，做出买入还是卖出的抉择。但也有人讲，趋势是交易者的敌人，因为当你顺应趋势进行交易时，它会让你失去很多的获利交易机会，并因此动摇你的信念，给你带来重大的损失。

这两种说法恰恰印证了笔者的观点。即趋势本身是不能决定交易的，趋势只能告诉你交易的方向。决定交易的是市场的交易法则。

因此，正确地判断趋势是否即将发生反转，对我们的交易有着十分重要的意义。

趋势反转的条件：

（1）波浪构架出现背驰关系。当趋势形成后，延续的波浪结构出现了力度的变化，即上涨波浪由强上涨波浪转化为弱上涨波浪，或下跌波浪由强下跌波浪转变为弱下跌波浪。即波浪的结构上出现了背驰关系，预示原有趋势即将发生改变。

（2）背驰波浪出现后，上升趋势的上涨波段不再出现新的高点。下降趋势中的下跌波段不再出现新的低点，则原有的趋势将发生改变。

（3）在上升趋势中，股价的波浪由上涨波浪性质，转换为下跌波浪性质，则上升趋势出现转变。

（4）在下降趋势中，股价的波浪性质由下跌波浪性质转变为上涨波浪性质，则原有的下降趋势即将结束。

（5）在下降趋势中股价的上涨波段幅度超过前一下跌波浪的头，即下降趋势即将发生改变。

（6）在上升趋势中，上涨波段的涨幅不能超过前一上涨波浪的头，即上升趋势即将结束。

第六节　如何利用趋势来进行交易

趋势的作用是指引交易方向。交易的时机由交易法则所决定。但交易法则的制定首先要遵守顺应趋势的原则。因此，无为股理认为，脱离了趋势而制定的交易法则非常荒谬。当你站到了市场趋势的对立面那一刻起，你已注定是一个失败者了。

一、无为趋势股理交易策略

无为股理认为股市的交易策略大致分为三个方面：①买卖什么；②怎么买卖；③什么时间买卖。

买卖什么：实际上它是一种事先的风险控制行为，股票交易的成败，在很大程度上取决于对标的股的选择上。交易者首先要制定好优胜的标准，从先胜标准的视角去选择交易标的，是获取胜算最重要的一个环节。

怎么买卖：它实际上是对于交易中可能出现的情况的预判行为。这中间牵涉到投入资金、持仓量、止盈止损、持仓等诸多问题。股票市场是多变性的市场，若没有一个较为完善的交易策略做支持，那你已落入了失败陷阱。

什么时间买卖：这是时机问题，而这需要你有较好的技术分析能力。尽管技术分析不是万能的，但它却是广大公众投资者能自行掌控的利器。

无为股理认为，股市永远是空头主导的市场，这是因为市场供给总量是有限的，而市场可交易量取决于持有股票的人是否愿意卖出手中的股票，所以，市场的主导权永远掌握在持有股票的卖方手中。因此，所有的交易策略及操作技术都应以市场是否还存有卖方市场为前提制定。而这正是由市场价格趋势所决定的。

当市场获利盘不断增加时，愿意获利了结的持股者会随之增多，市场的可供交易量会增加，逐渐出现供大于求现象，股价的走势必然呈现下降趋势。而当市场的获利盘不断减少时，市场持有股票的人已不再愿意割肉的情况下，市场的可供交易量就会减少，成交量就会出现大幅减少。市场逐渐出现求大于供的现象，交投再次开始活跃，股价的走势必然会呈现出上升趋势。由此，我们可以得出这样的结论，趋势是市场供求关系的体现。利用趋势进行交易的关键，就是要找到这一供求关系的转折点。

二、无为趋势股理交易技法

谋定而后动，知止而有得，万事皆有法，不可乱也。执行一个交易决策时，要做的第一件事情就是确定何时下手。即找到趋势的转折位。

（一）趋势交易买入技法（下降趋势背驰买入技法）

股价处于下降趋势中，但由于市场经历过大幅长时间调整后，市场的主动性卖出力量大幅减弱，波浪构架上出现背驰现象。这意味着下跌行情即将结束。此时，若K线组合上出现明确的止跌信号，则行情见底的可能性非常大，可尝试性轻仓买入。如图8-15、图8-16所示。此时，股价仍有止跌，但市场尚未转势，处于潜龙勿用阶段，稳健交易可暂时加以关注，激进交易可适量参与。

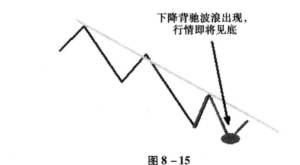

图 8-15

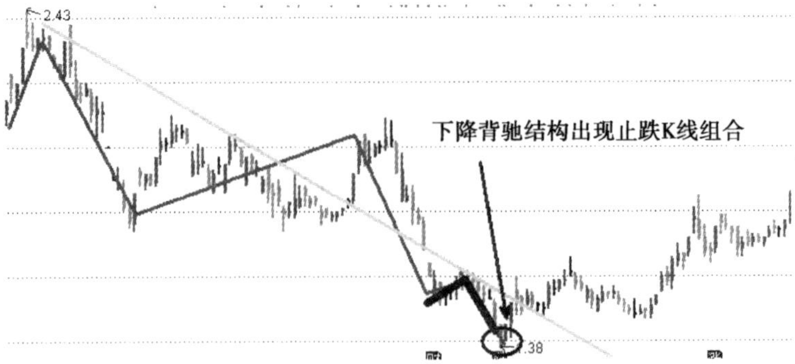

图 8-16

（二）趋势交易买入技法（下降趋势突破买入技法）

对下降趋势的突破，意味着市场的主动性卖出意愿已非常淡泊。市场出现了主动性的抢筹意愿。如图 8 - 17、图 8 - 18 所示。此时市场出现趋势第一买入位。但由于整体市场仍处于或跃在渊的阶段，市场依然存在着许多不确立因素，买入策略为试单性质，可买入占总资金的三分之一左右。

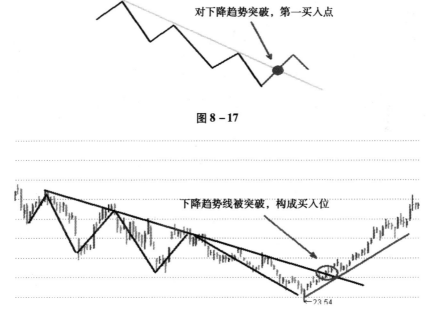

对下降趋势突破，第一买入点

图 8 - 17

下降趋势线被突破，构成买入位

←23.54

图 8 - 18

（三）趋势交易买入技法（下降趋势突破回撤买入技法）

股价对下降趋势形成突破后，再次出现回调走势。但回调波段不创新低，且不跌破对下降趋势线突破位，波浪性质由下跌波浪性质转换为上升波浪性质。意味多方已占据市场主导，形成第二买入位或加仓位，此时持仓可加到七成左右。如图 8 - 19、图 8 - 20 所示。此时，市场已进入见龙在田阶段。股价已有腾冲之象。

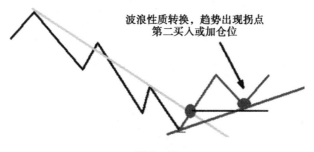

波浪性质转换，趋势出现拐点
第二买入或加仓位

图 8 - 19

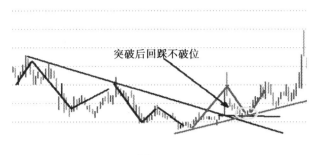

图 8 – 20

（四）趋势交易买入技法（下降趋势转折突破买入技法）

股价所处位置在波浪性质发生转换后的上冲阶段，股价再次走出波段新高。意味着市场的做多热情进一步提升，市场有望形成新的上升趋势。突破新高位可作为追涨买入位。市场处于终日乾乾阶段，只要市场热情不减，行情就会进一步向上运行。如图 8 – 21、图 8 – 22 所示。

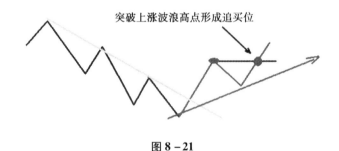

图 8 – 21

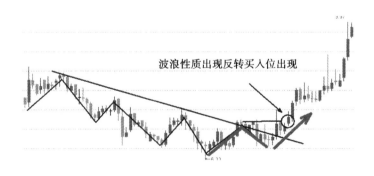

图 8 – 22

（五）趋势交易买入技法（下降趋势形态突破买入技法）

股价所处位置在股价对下降趋势形成突破后，构筑第一整理形态阶段。此时股价突破形态整理，向上发起冲击。暗示多头的短期调整结束，市场的做多热情重新爆发，股价的运行或将进入见龙在田阶段。此时，应果断跟进买入。如图 8 - 23、图 8 - 24 所示。

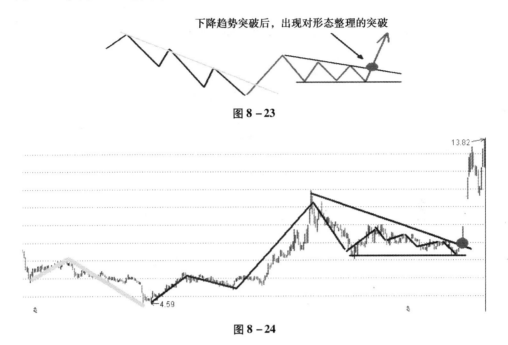

下降趋势突破后，出现对形态整理的突破

图 8 - 23

图 8 - 24

（六）趋势交易买入技法（上升趋势波浪转折买入技法）

股价的运行已处于上升趋势阶段，此时，股价经过回调，波浪的性质依然延续着上涨波浪性质，且上涨波段明显大于调整波段，再次出现调整波段止跌 K 线组合信号，构成趋势延续转折买入位。如图 8 - 25、图 8 - 26 所示。此时，市场热情高涨，股价已进入飞龙在天阶段。

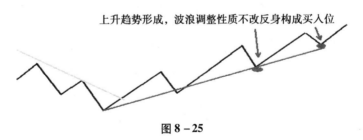

上升趋势形成，波浪调整性质不改反身构成买入位

图 8 - 25

（七）趋势交易买入技法（上升趋势波浪突破买入技法）

当股价处于上升趋势时，调整波段明显小于此前上涨波段幅度。再次反突破前上涨波浪高点构成买入条件。此时，市场人气较盛，股价处于飞龙在天阶段，有望高看一线。如图 8 - 27、图 8 - 28 所示。

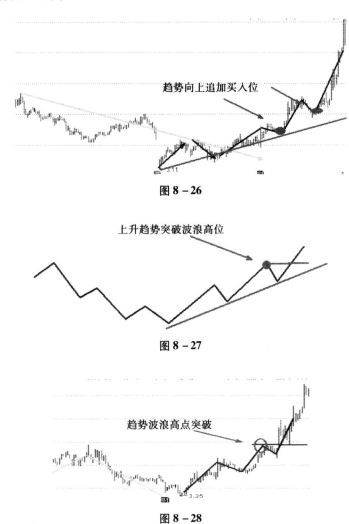

趋势向上追加买入位

图 8 - 26

上升趋势突破波浪高位

图 8 - 27

趋势波浪高点突破

图 8 - 28

（八）趋势交易买入技法（上升趋势形态突破买入技法）

股价在上升趋势中出现形态整理，整理形态的低点明显高于此前上涨波段的低点，波浪的整体上涨性质并没有被改变。股价再次向上突破整理形态，构成趋势追涨买入条件。如图 8 - 29、图 8 - 30 所示。

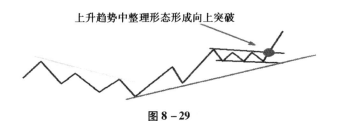

上升趋势中整理形态形成向上突破

图 8 - 29

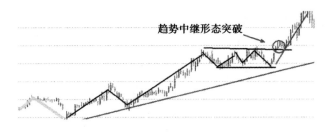

图 8－30

（九）趋势交易买入技法（趋势交叉突破买入技法）

这是一种震荡势转折判断方法。当股价处于波浪转折初期，股价处于向上冲击受到原下降趋势线压制，而下方又得到向上趋势的支撑。这时股价若能突破向上趋势线与向下趋势线形成的交叉点，则意味着多方占据了市场主导，后市看涨应是大概率之事可适时买入，但仓位不宜太重，以半仓为宜。如图 8－31、图 8－32 所示。

图 8－31

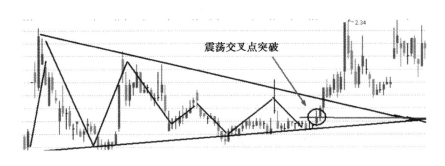

图 8－32

（十）趋势交易买入技法（水平趋势突破买入技法）

股价由下跌转换为水平整理趋势后，若股价再次向上突破水平整理趋势的上沿压力，则预示股价的调整结束，市场买盘再次涌现，后市有望形成新一轮上涨行情。如图 8－33、图 8－34 所示。

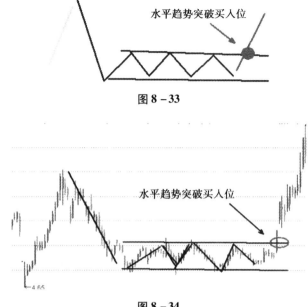

图 8 – 33

图 8 – 34

（十一）趋势交易卖出技法（波浪背驰无高卖出技法）

股价处于上升趋势中，上涨波浪出现背驰现象。随后股价再次出现上冲时，不能走出新的波浪高点，此时一旦出现滞涨K线组合信号，则意味着上升趋势已临近尾声，应适时卖出股票。如图 8 – 35、图 8 – 36 所示。

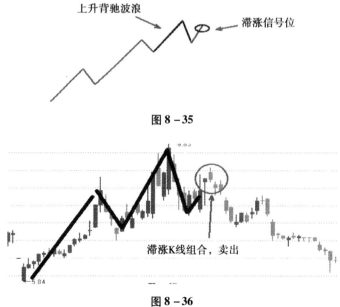

图 8 – 35

图 8 – 36

（十二）趋势交易卖出技法（波浪无新高卖出技法）

股价处于三波浪上涨之后，经过调整后再次上冲，不能走出波浪的新高。则预示市场的顶已经出现。此时一旦市场给出滞涨信号，则应及时择机卖出。如图8–37、图8–38所示。

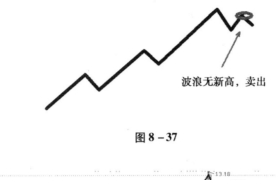

图8–37

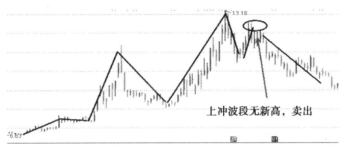

图8–38

（十三）趋势交易卖出技法（波浪形态破位卖出技法）

股价经过大幅度上涨后，在高位构筑成技术形态。这意味着上涨的势头受到了抑制。此时，若股价出现了向下跌破技术整理形态的现象，则意味着多头已无心继续上攻。原有的上升趋势结束，股价将步入下跌走势。如图8–39、图8–40所示。

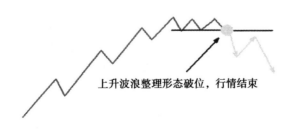

图8–39

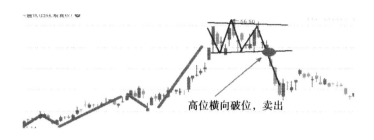

图 8 – 40

（十四）趋势交易卖出技法（趋势破位卖出技法）

市场处于上升趋势中，但随着股价的上涨，市场出现滞涨现象。之后股价跌破了上升趋势线，发出向弱的信号。上升趋势线被跌破，意味着股价的运行方向将发生改变，市场将进入横向整理或下跌走势。应在跌破上升趋势线时及时卖出手中股票。如图 8 – 41、图 8 – 42 所示。

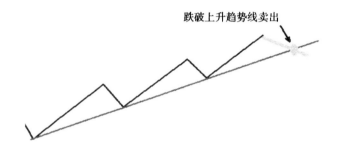

图 8 – 41

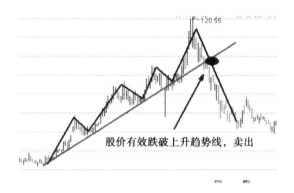

图 8 – 42

小结：无为趋势股理认为，市场价格的运行会受到多种因素的影响，因此，价格的运行是不确定性的，在交易的过程中，没有任何人能够100%确定下一刻市场价格的运行方向，哪怕是对原有的趋势走向实施了突破或破坏，仍存在着三种不同的变化，即上升、下跌、横盘。因此，交易者不能在交易的过程中去考虑未来的结果，而应一切以交易信号为准则，当买则买，当卖则卖。做好当前的交易，比看清未来趋势更重要。

趋势线是我们判断市场方向的一把尺子，一旦超越了这一尺度，则股价的运行方向将出现改变。

第九章 波段操作与波浪操作

放弃你无法把握的交易，只坚守自己能把握的交易规则，客观交易，简以致胜。

在前面几章中我们讲解了波段、波浪及趋势，但相信很多投资者仍会难以将它们与常挂在嘴上说的波段交易相联系。其原因在于绝大多数公众交易者在做交易决定时，往往会忽略市场结构，或是不懂什么是波段结构。因此，将趋势交易与波段操作混为一谈。

波段结构是指将 K 线图表上价格的 K 线组合波段高点和 K 线组合波段低点排列结合起来，形成一个波动的曲线，用以判断市场价格的走势方向。

了解波段结构是读懂图表的基础，读懂了市场图表结构，你就知道市场价格将向哪个方向运行。这是回归市场本质的过程，但却为很多投资者所忽略。

在股票市场中永远要顺势交易，但如果你坚定地按照趋势去做交易，则你会发现很难找到合适的进场点和好的出场点。原因在于，当趋势没有走出来之前，你的一切交易都是在假设的前提下进行的。这必然会大大提高你的错误率。而当趋势已经确立后，你会发现已错过了最佳的买卖机会。因此，对于交易者而言，趋势只能告诉你价格运行的方向，你的交易策略应以多为主还是以空为主。而真正的交易机会在于对波段的认识程度。

无为股理认为趋势是未来的事情，而我们要做的是当下的事。做好眼前的事，比看懂未来的事更重要。

第一节　K 线图表的作用

说到波段操作，很多人认为是一件非常难的事，也有很多人认为是一件非常容易的事。但在笔者看来，所谓的波段操作只是一种简单得不能再简单的技法而已，之所以认为难以把握，关键是你的理念问题，许多人把波段操作当成形态的突破，或认为是压力位与阻力位的突破，其实，波段就是 K 线组合，当这种组合构架满足了一定条件后，即构成了价格波段。古人讲"大道至简"，但现实中许多人往往愿意把简单的事复杂化，以显示问题的深奥。股市也如此，尽管技术流派有很多，但"道法自然"才是根本。每一个价格波段的终结位，就是你的波段交易机会。因此，真正读懂 K 线图表，了解价格波段结构的性质是做好波段操作的前提。

按波段的性质分为上涨波段性质，下跌波段性质，水平波段性质。

（1）上涨波段性质：波段的 K 线组合整体呈现向上的走势。确立一个波段是否属于上涨波段性质，首先，看在这一 K 线组合波段中，波段的运行方向是否向上。其次，波段中阴 K 线的低点不低于阳 K 线的低点，阳线的高点通常不会低于阴 K 线的高点。

（2）下跌波段性质：K 线组合整体呈现向下态势。判断 K 线组合波段是否属于下跌波段。首先，确立波段的运行方向是否向下。其次，波段中的阴 K 线高点是否低于阳 K 线的高点。阳 K 线的低点往往又低于阴 K 线的低点。

（3）水平波段性质：K 运行方向呈现水平状态，水平波段又称为震荡波段。它最显著的特征是，波段中的阴线高点会高于波段中阳线的高点。波段中阴线的低点往往又会高于阳 K 线的低点。

K 线图表与波段结构能给我们哪些帮助。通过几十年的实践，我们将 K 线图表所显示的 K 线波段归纳总结出五大作用。

（1）判断股价运行的短线顶的出现：K 线图表显示，由 K 线组成的波段，波段中的无论是阳 K 线还是阴 K 线，其低点始终处于不断抬高状态，波段的高点也不断走出新高。预示市场处于多头市场，应以买入或持股为主。而当 K 线的低点比前一 K 线低点低时，则意味着上涨波段即将结束。

（2）判断股价运行的短线底的出现：在股价处于下跌波段中，当前 K 线的低点应低于前一日 K 线的低点，当前 K 线的高点不会高于前一日 K 线的点，它表明下跌行情仍会延续。若当日 K 线不再出现新低，或 K 线的高点较前一日 K 线高点为高，则预示下跌行情即将终结。

（3）判断股价整理行情的结束：在一个处于整理波段行情中，交易者应终止任何交易。整理波段结束的特征是，股价对整理波段中出现的多头攻击组合或空头攻击组合的高点或形成突破。即向上的突破或向下的破位，则预示整理波段结束。

（4）判断趋势即将发生改变：K 线组合的上涨波段与下跌波段共同搭建起股价运行的波浪构架。上涨波段大于下跌波段，股价处于上涨波浪中。上涨波段小于下跌波段，则股价处于下降波浪中。倘若波段所搭建的波浪性质发生改变，则意味股价运行的方向即将发生改变。

（5）判断波段顶底即将出现：通过对相同性质波段之间的比较，可以及早地发现行情转变的前兆。当股价处于上升阶段时，当前的上涨波段小于前一上涨波段，称为上涨背驰结构，预示后市上涨空间将十分有限，股价的上升趋势即将终结。而当行情处于下降阶段，当前的下跌波段小于前一下跌波段，预示下跌动能减弱，称为下跌背驰，股价的下降趋势即将结束。

下面我们通过实盘的案例 K 线图表来详细地解读行情语言。

（1）上涨波段的判断。如图 9-1 所示，我们不难看出，每一根 K 线都不对前一K线构成破坏性。单一K线的走势，K线的低点始终处于抬高状态，K线的高点也在不断出现新高。尽管其中出现过阴线和低点阳线，但整体上没有出现破坏性走势，因此，它属于上涨波段性质。一个标准的上涨波段，阴线的低点不应低于前面阳线的低点。

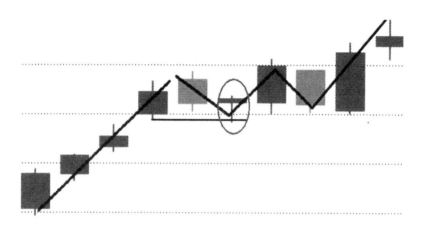

图9-1

（2）下跌波段的判断。如图9-2所示，K线的高点不断降低，K线的低点也在降低。尽管有阳线的出现，但阳线并没有改变整体的下跌走势。因此，波段属于下跌波段。一个标准的下跌波段中，阳线的高点不应超过前面阴线的高点。

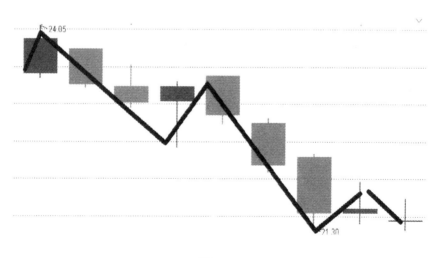

图9-2

（3）水平波段的判断。如图9-3所示，K线走势高低错落，但并不出现明显的上涨或下跌倾向，而是呈现出横向运动状态，属于水平波段。标准的水平波段，阳线的高点可以高于前面阴线的高点，阴线的高点可以高于前面阳线的高点。阴线的低点也可以低于阳线的低点，阳线的低点也可以低于前面阴线的低点。

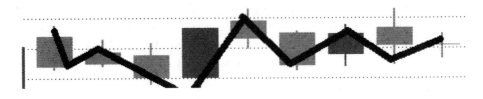

图 9-3

（4）波段顶部的判断。如图 9-4 所示，K 线的走势随着价格的上涨，出现了无高点有低点的滞涨 K 线。此时若波段结构满足于两次阴阳转换组合，则预示波段见顶。股价短线将出现下跌。

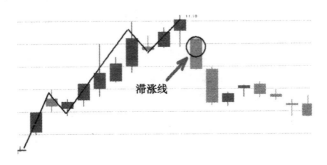

图 9-4

（5）波段底部的判断。股价处于调整阶段，此时，除要注意波段的构架外，更应注意观察 K 线组合是否出现止跌结构信号。若出现止跌 K 线组合，则意味着调整波段即将结束，股价将迎来反弹或反转机会。如图 9-5 所示。

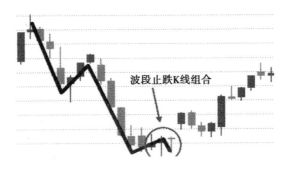

图 9-5

第二节　如何利用波段进行操作

在前文我们介绍了波段的性质和波段的五大作用，本节我们将讲解如何利用波段进行实际操作。

什么是波段操作，波段操作是针对股价波段性运行特征而采取的一种高抛低吸的操作方法。它与其他的操作方法一样，有着自身的优点和缺陷。波段操作不是赚钱最多的方式，但它是一种成功率比较高的交易方式，并且可以有效回避市场风险，提高操作者盘面感觉的良好方法。

无为股理认为，一个标准的 K 线组合波段至少应满足两次的阴阳转换。当然，在实际中会有一些不符合这一标准的波段出现，但这并不影响我们对波段的整体判断。正如自然万物不会出现完全相同的物品一样，股价的运行波段也是千变万化的。但无论表现形式如何，只要你能读懂它就行。至于对那些你尚不能分辨的 K 线波段，尽可放弃。只做自己看得清楚明白的 K 线波段。

波段交易法则：①上涨波段等卖点。②下跌波段等买点。③水平波段看突破。

（1）上涨波段等卖点（波段滞涨组合卖点）。首先需要判断当前波段性是否属于上涨波段性质，即 K 线的低点不断抬高。当波段性质确定后，需要观察上涨波段是否出现滞涨组合 K 线。当滞涨信号出现后，可适时进行部分减仓了，一旦滞涨信号确认立即清仓。如图 9－6 所示。上涨波段由 5 波构架组合而成，波段构架完整符合波段要求。之后出现滞 K 线，减仓。跌破滞涨组合清仓。

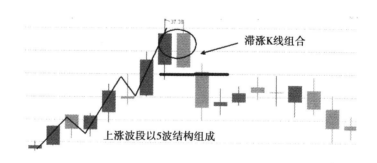

图 9－6

股理逻辑：股价波段性质上涨，说明市场多头占优势。但随着价格的上涨，市场追涨意愿减退。K 线组合出现滞涨组合，意味短线上涨波段将结束，适时卖出。

（2）上涨波段等卖点（波段趋势在位卖点）。波段的上涨性质得到确认后，此时可以依波段的转折点画出波段的向上趋势线。后市股价若有效跌破这条趋势线，即基本可以判定上涨波段结束，卖出股票。如图9-7所示，上涨波段以5波构架组成，符合波段构架要求。将波段转折点连线形成波段上涨趋势线。后市股价跌破此趋势线，意味波段行情将结束，卖出。

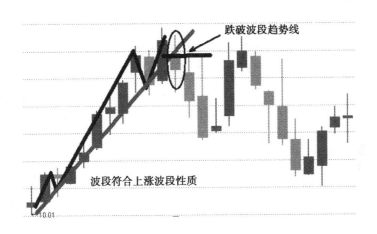

图9-7

股理逻辑：股价运行波段属于上涨波段性质，说明市场主动性的买入意愿较强。但随着股价上涨，K线组合出现滞涨组合信号，暗示上涨势头出现弱化。股价进一步跌破波段趋势线，表明上涨波段行情结束，适时卖出。

（3）下跌波段找买点（止跌组合突破买入）。确立波段的性质已属于下跌波段性质，并符合波段构架组合要求。之后，K线组合上构成止跌信号，此时可先行试探轻仓买入部分仓位，若股价能突破止跌组合，即可加仓买入。如图9-8所示。波段的构架由5波组合而成，属于下跌波段性质。随后出现止跌K线组合信号，预示下跌波段行情将结束，少量建仓，股价突破止跌组合加仓买入。

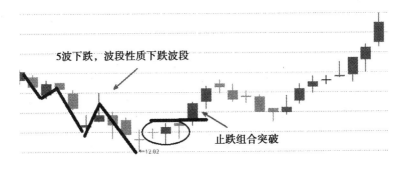

图9-8

股理逻辑：股价走出下跌波段，表明市场抛压较重。市场供需关系为供大于求。此时，股价出现止跌 K 线组合，意味市场逢低出现了承接盘，股价开始企稳。突破止跌组合信号位，意味市场的供需关系发生了质的变化。适时跟进买入。

（4）下跌波段找买点（趋势突破买入）。股价的下跌波段性质得到确认。此时，可将波段的转折点连线形成向下的波段趋势线。后市若波段的下降趋势线被突破，则预示性下跌波段行情将结束。如图 9 - 9 所示，下跌波段符合波段要求，由波段转折点连成的下降趋势线被突破，说明下跌即将结束，适时买入。

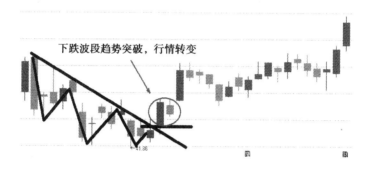

图 9 - 9

股理逻辑：波段性质下跌，说明市场空头占据优势，后市理应看跌。但股价不跌反涨，一举突破波段趋势压力。意味空头力量衰竭、适时买入。

（5）水平波段看突破（水平波段向上突破买入）。股价在经过长期下跌后往往会形成水平波段。此时，若股价能突破水平趋势的上轨线，则意味调整行情将结束，可适时参预。如图 9 - 10 所示，股价水平震荡波段构架由 5 波组合而成，符合波段要求。股价向上突破，预示调整结束，适时跟进买入。

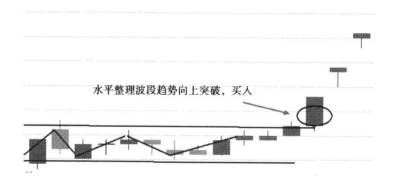

图 9 - 10

股理逻辑：股价水平波段整理，暗示市场多空都保持谨慎态度，市场观望气氛较重。此时若股价突然向上突破，意味多头力量增强。应适时跟进买入。

（6）水平波段看突破（水平波段向破位卖出）：股价走出水平波段。波段的构架符合波段搭建要求。股价向下破位，卖出。如图9-11所示，股价横盘整理，波段性质属于水平波段。股价向下破位，预示多方放弃抵抗，卖出。

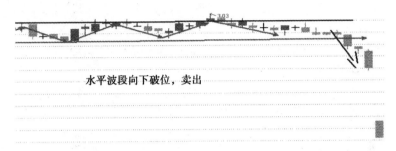

水平波段向下破位，卖出

图9-11

股理逻辑：股价横向运动，说明市场的多空力量相对平衡。此时，股价向下破位，是市场力量对比发生改变的信号。应引起高度重视，操作策略上应本着宁错卖也不等待的理念，坚决第一时间卖出。

K线组合波段的操作，只是波段操作中最小的一个周期单位。准确地讲它只适合资金量较少的公众投资者，做超短线的交易。因此，任一波段操作都需要在一个特定的事先约定的标准，如波段、波浪或趋势进行。所以如果你想要进行波段交易，那就必须先制定下波段的标准。

波段操作标准划分：

（1）K线组合波段为波段标准。此交易的准则以K线组合波段的起动各终结作为交易的条件进行买卖。上涨波段中，K线组合不出现滞涨信号，不进行卖出操作。下跌波段中，K线组合出现止跌信号，不进行买入操作。当股价处于整理波段时，股价没能形成明确方向选择时，不进行任何操作。突破方向确立，即刻进行操作。

（2）以K线波浪为波段标准。此交易的准则是以波浪性质为标准进行交易方向的选择。当股价处于上升趋势中，在波浪性质没有发生改变之前，即认定行情仍会延续原有方向运行，因此，不进行任何反向的交易操作。当波段性质发生改变，则清除手中股票，选择反向操作。当股价处于下降趋势中，波浪的性质没发生改变时，任何时候都不进行买入操作。当波浪的性质发生改变，择机进行买入操作。

（3）以K线趋势为标准。此波段交易的准则是以趋势结束为标准进行交易操作。股价的上升趋势不被破坏，坚定持股不动，趋势一旦被告破坏，立即卖出股票。下降趋势被突破，即着手分批买入，等待新的上升趋势形成。再到终结实施卖出，完成一个轮回。

这里需要指出的是，技术行为首先要遵循"道常无为而无不为"的理念。即顺应自然，不肆意妄为，一切操作顺应交易的自然法则，则成功就不远矣。

通过上述的讲解，我们可以清楚地认识到，波段操作的首要条件在于对波段性质的确定。但不是所有的波段都适合做波段操作，只有符合波段构架组合条件的波段才适合做波段操作，那些特殊结构的波段往往不适合做波段的操作。

《道德经》中的一句话是这样说："上德无为，而无不为。下德有为，而有不为"。意思是讲，上德这种状态，看似什么都不做，可什么都能做。下德这种状态，看似什么都能做，实则有做不了的。这里将"德"分为，上德无为而无不为，如天地不言而万物生；下德有为而有不为，如人工之物即使巧若天成，终有斧凿之迹。做股票交易也是如此，需要交易者在看似无为之处而为之。波段操作就是从最小的转折处入手，顺自然的转势而操作。但波段操作不是去预测价格走势，而先看到了价格轨道出现了弯路，再下单交易。即先看到行情转折，再后续跟随行情——此处是不敢为天下先，不是预测在前，也不是幻想在先，你只是跟随者、后动；然后让行情带领你走一段路程，你就盈利了。至于行情能走多远？行情会在什么位置上转弯？那不是我们要考验的问题。如果，此时你又开始预测价格的涨幅或行情能持续多久，抑或失去耐心，担心失去利润，过早离场，那也就是等于你离开了道路，那么，你会掉进价格涨跌的陷阱，这时或在下一时刻，你定会犯错，而且常常会犯下让你终身难忘的大错。

第三节　无为波浪交易准则

波浪交易技法是波段交易的一种，它以波浪结构作为一个交易周期进行买卖标准的交易技法。它与K线组合波段不同的是，它的交易周期至少需要三个K线组合波段。因此，它要求交易者对行情性质有着更深的认知，及更强大的心理素质。

无为股理认为，在股票市场中，你交易的永远不是股票，而是你自身固有的恐惧、贪婪、愤怒、犹豫和欲望。股票交易的波段越大，对你内心缺陷的冲击就越大。保持对市场的合理性的清醒认知，是能否实现完美波段交易的前提。

无为波浪理论不同于传统的波浪理论。无为波浪理论认为，波浪是由一起一伏两个波段构成一个波浪。即一个上涨波段和一个下跌波段构成，如图 9 - 12 所示。

由此，我们在这里讲的波浪交易与传统的波浪交易就存在着较大的不同。无为波浪股理认为，行情永远是以一涨一跌为一个循环。因此，以波浪为周期的波段交易必须包含两个上涨波段和一个下跌波段，或两个下跌波段和一个上涨波段。如图 9 - 13 所示。

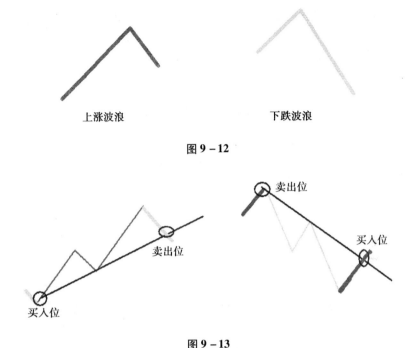

上涨波浪　　　　　　　　　下跌波浪

图 9 – 12

图 9 – 13

无为波浪交易八字准则：趋势—形态—位置—信号。

趋势：

（1）趋势转折必交易。即股价突破或跌破趋势线必须要择机交易。

（2）趋势顺延少交易。即原有股价的运行趋势不改变尽量少交易。

形态：

（1）形态突破可买入。股价对技术形态形成向上突破择机交易。

（2）形态破位要卖出。股价跌破技术形态择机卖出。

位置：

（1）压力位置不交易。买入信号处于压力位置暂缓交易。

（2）支撑位置可交易。股价回撤支撑位置可择机交易。

信号：

（1）无信号不交易。没有买卖信号的出现绝不交易。

（2）有信号必交易。买卖信号出现，就择机进行交易。

第四节　无为波浪交易技法

一、波浪背驰交易技法

（1）下跌背驰交易技法：在两个同性质下跌波浪中，后一下跌波段明显小于前一下跌波段。构成下跌波浪背驰关系。出现下跌波浪背驰意味着下跌动力减弱。若此时出现下跌波段止跌信号，则择机买入。如图 9-14 所示。

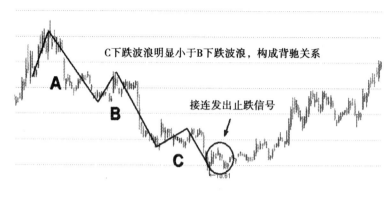

图 9-14

　　股理逻辑：连续的下跌波浪 B 与波浪 C 构成背驰关系，预示股价的下跌动能出现减弱现象。此时，K 线组合发出止跌信号，说明行情将发生转变。临盘策略：择机买入，突破止跌组合高点加仓买入。

　　（2）上涨背驰交易技法：如图 9-15 所示，股价以 A、B、C 三个波浪形式向上运行。A 波浪产生出更强的 B 波浪，说明后市行情仍会上涨。但 B 波浪却推动出一个减弱的 C 波浪。以较强的力产生出一个较弱的结果，反映出市场的追涨意愿已减退。C 波浪上涨波段明显小于 B 波浪上涨波段，两者构成背驰关系。预示后市上涨行情即将结束。而滞涨信号的出现，则警示我们是卖出股票的时候了。

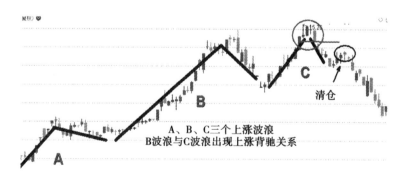

图 9-15

　　股理逻辑：当 A 波浪定性为上涨波浪后，出现的任一买入信号都可以进行买入，直至波浪出现背驰现象择机卖出，完成一个以波浪为周期的波段交易。其逻辑在于波浪力度不减弱行情就会延续，波浪力度减弱，则上涨动力减弱，行情性质即将发生改变，到了终止交易的时候了。临盘策略：波浪一旦出现背驰，停止买入，滞涨信号出现开始减仓，波浪无新高清仓。

二、波浪转换交易技法

（1）波浪转换买入技法：波浪性质由下跌波浪性质转换为上涨波浪性质时，股价在上涨波浪调整波段出现止跌信号时择机买入。如图 9 - 16 所示。图中 A 波浪的上涨波段小于下跌波段，构成的波浪性质属于下跌波浪性质。而 B 波浪的上涨波段明显大于下跌波段，是上涨波浪性质。股价走势由下跌波浪转换为上涨波浪，说明行情向好的方向转换。

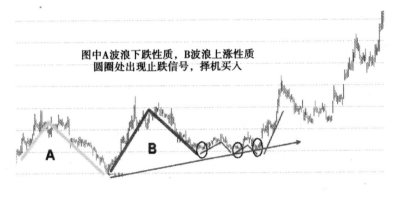

图中A波浪下跌性质，B波浪上涨性质
圆圈处出现止跌信号，择机买入

图 9 - 16

股理逻辑：A 波浪性质为下跌，B 波浪为上涨波浪。当 B 波浪出现止跌信号时，若明显可以看出止跌位置远高于 A 波浪低点，则可基本确立 A、B 两波浪性质发生了转换。此时，可依据止跌信号的提示进行买入。临盘策略：发现波浪性质转变，止跌信号出现，即择机买入。之后波浪不出现背驰现象或阶段性滞涨信号，可持股。

（2）波浪转换卖出技法：如图 9 - 17 所示，股价在以连续上涨波浪推升后出

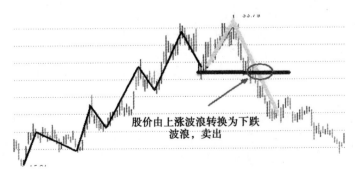

股价由上涨波浪转换为下跌
波浪，卖出

图 9 - 17

现下跌波浪，预示上涨行情结束。从图中我们还可以看到绿色的上涨波段明显与此前上涨波段形成背驰关系。之后出现滞涨信号理应减仓，若当时没能减仓，构成下跌波浪也应果断清仓。

股理逻辑：在上涨行情中，有时我们可能会因贪婪心理忽视背驰关系，错过逢高减仓机会。但波浪性质发生转变，就不应再存侥幸心理。因为，行情已明确了转势。临盘策略：果断卖出，卖错也要卖。

三、波浪顺延交易技法

（1）上涨顺延交易技法：上涨顺延是指在前一上涨波浪的基础上，新的波浪在走出波浪高点后出现回调走势。此时，若回调波段不出现新的波浪低点即出现止跌信号，则意味新的上涨波段即将开始，可依信号指引择机买入。如图 9－18 所示。A 波浪是上涨波浪，B 波浪是 A 波浪的顺延上涨波浪。此时，若发现调整波段不能走出新低即出现止跌信号，意味新的上涨即将开始，买入。

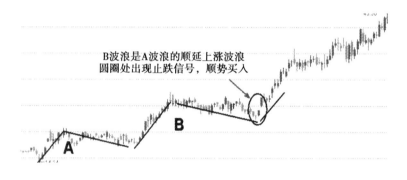

B波浪是A波浪的顺延上涨波浪
圆圈处出现止跌信号，顺势买入

图 9－18

股理逻辑：B 波浪性质不改，仍延续 A 波浪上涨性质，说明上涨行情仍会继续。止跌信号出现，表明调整将结束，后市有望出现新一轮上涨。临盘策略：突破止跌 K 线组合，大胆跟进。

（2）下跌顺延交易技法：这是应用于下跌波浪中的抄底买入技法。即当两个下跌波浪构成顺延关系时，此时，可注意观察两下跌波浪是否存有背驰关系。如果存在背驰关系，可在止跌信号突破时跟进买入。如图 9－19 所示。A 波浪与B 波浪同为下跌波浪，此时，若出现止跌信号，可在突破止跌信号时少量参与买进。

股理逻辑：股价在经历两个下跌波浪调整后，下跌的能量已有所减弱。此时，出现止跌信号，说明空头的下杀或告一段落，股价至少会有所反弹。临盘策略：少量参与反弹，止损放在止跌组合低点处。

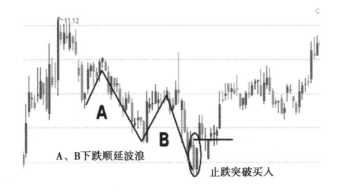

图 9 – 19

四、波浪突破交易技法

（1）上涨波浪头部突破买入技法：当股价的走势由下跌波浪转换为上涨波浪后，若再次向上冲击时能突破上涨波浪的头，可即时买入。如图 9 – 20 所示。股价对第一上涨波浪的头部实行突破，说明多头的强势仍在延续，后市即使会出现短线的调整，调整后走出新高也是大概率之事。

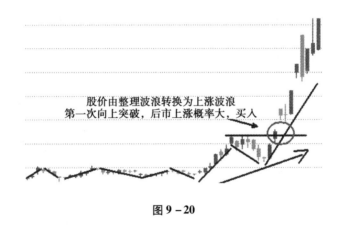

图 9 – 20

股理逻辑：股价对原下跌波浪或水平波浪形成突破本身就已意味着多头已做好上攻的准备。随后回调形成上涨波浪意味着空头无力抗击。股价突破上涨波浪头部，证实多头意在长远。临盘策略：积极跟进，不惧回调。

（2）下跌波浪头部突破买入技法：当股价经历过三波浪下跌调整后，股价对下跌的最后一个波浪的头部形成有效突破后，意味着多头反击开始。此时应注意观察突破后的回调，当回调波段出现止跌信号时，果断买入。如图 9 – 21 所示。

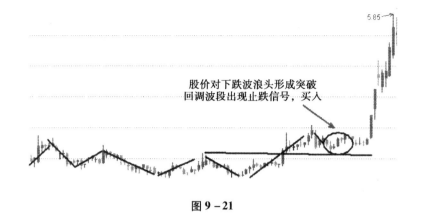

图 9 – 21

股理逻辑：股价三波浪调整后做空能量已基本得到释放。股价此时向上突破调整波浪的头部，表明多头已做好向上冲击的准备。后市股价震荡向上应是大概率之事。临盘策略：突破位可少量跟进，回调构成上涨波浪加仓买入。

> 小结：以波浪周期作为波段进行交易的要点：首先，是要认清波浪的性质，波浪与波浪之间的关系。其次，由于波浪的震荡幅度远大于 K 线波段，因此，面对股价的震荡需要对交易模型有坚定的信任。最后，需要对整个的波浪构架有较清醒的认知，明确自己交易策略。波浪交易多失败于对自身弱点的妥协。

第十章　无为K线股理的实战应用

兵无常势，水无常形；能因敌变化而取胜者，谓之神。

——孙子兵法

K线是判断股价强弱的最基本的条件。但不是每一根K线或每一组K线组合都值得我们关注。对于操盘者而言，只有具备转折性质的K线或组合才值得关注。

第一节　单一阳K线的实战应用

在正常的情况下，当日K线以阳线收盘代表着全天交易最终以多头胜利而终。但它并不意味着明天的行情依然会继续上涨。原因在于阳线所处的位置不同，决定了阳线的性质也不相同。即便是极致的大阳若一字板涨停阳线，在第二天也会出现完全相反的走势。因此，当我们在图表上看到一根阳线时，首先，要注意它的位置，而不是它实体的大小，之后则分析它形成的构架。只有这样才能对它的属性加以识别，才能对其后市的走势方向做出大概率的判断。

一、光头阳的实战判断

光头阳线通常情况下，预示着当日股价的走势十分强劲，多头占据了市场的主导。后市应继续看涨。但是，如果此前股价已经过连续的上涨，此时出现的光头阳线或将是多头的最后冲锋。特别是临近尾市的拉升，更应引起警惕。

（一）案例1：深科技（000021）

2020年4月7日收出小下影线的光头阳线，从K线表面上看呈现出强势上涨态势，后市理应继续看涨。但从K线的形成构架上分析，由于当日高开，并不回补缺口，构架上属于三波段上涨结构，存在着回调条件。如图10－1所示。

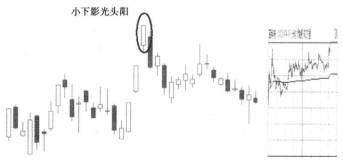

小下影光头阳

图10－1

股理逻辑：此前股价出现连续大幅上涨，当日全天震荡整理，尾市突然拉涨停，说明主力的攻击力不强。再结合前一日阳线走势，基本可以确定 K 线构架处于三波浪上涨的第三上涨波段，后市应有第四调整波段。后市应注意观察横盘整理的底是否被破坏，若跌破横盘底，则意味股价由此前的上升波浪转为下降波浪，后市看跌。

八卦解盘：依从 K 线与八卦运势分析，当日阳线前已出现连续阳线，卦象应为乾卦，属于至阳性质。《易经》中哲理告诉我们，阳极必返。因此，后市极容易出现反转走势。操作上宁丢不追。

（二）案例 2：深科技（000021）

2020 年 4 月 2 日出现小下影光头阳线，此前股价处于调整中，光头长阳属于止跌信号，后市理应继续看涨。如图 10 - 2 所示。

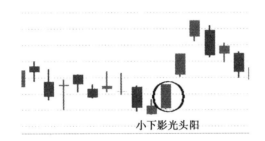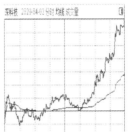

图 10 - 2

股理逻辑：此前股价处于下跌，当日 K 线无新低出现，属于止跌性质。K 线构架上呈现第一上涨波浪后的第二上涨波段，因此，后市即便是有回调，随后也应出现第三上涨波浪。后市看涨。

八卦解盘：依八卦运势去看，当日阳线出现前 K 线形态为一阴一阳，三线合为一阴二阳组合，卦象为巽，性为风，而此前组合为二阳夹一阴为兑。兑卦为泽，近于水。两卦相融构成风吹水之势。

二、光头光脚阳线实战判断

光头光脚阳 K 线属于多头强势结构，后市股价仍以看涨为主。但主力往往会借助这种强势 K 线，在高位进行诱多出货。因此，判断 K 线的性质一定要注意观察其所在位置。切记"位置决定性质"。

（一）案例 3：深天地（000023）

2020 年 3 月 2 日出现光头光脚阳线。从 K 线组合上看，此前阴线调整并没对阳线的攻击组合构成破坏，光头阳线反包阴线，呈现反转结构。当日 K 线构架呈现三波段上涨结构，后市理应看涨。如图 10 - 3 所示。

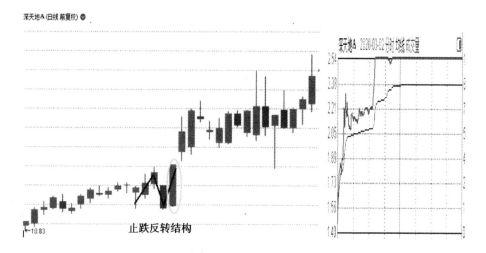

图 10 - 3

股理逻辑：股价高开高走显示做多意愿强劲。当日 K 线构架出现第一上涨波浪后的第二上涨波段，整体上出现波浪反转性质。后市即便出现第二上涨波段的后调整，之后出现第三上涨波浪也应是大概率之事。看涨买入。

八卦解盘：依从八卦判势，我们可以看出，在大阳出现前，K 线组合由三阳乾卦转为二阳一阴兑卦，乾卦与兑卦在五行中都属于金，而随后形成二阳夹一阴组合属于离卦象，离卦性属火，因此从八卦运势讲，寓意为真金不怕火炼，后市看涨。

（二）案例 4：富奥股份（000030）

2020 年 6 月 2 日出现光头光脚阳线，从表面上看，强势上涨特征十分明显。但从波段上涨结构上看它已进入第五上涨波段，后市面临调整概率较大。如图 10 - 4 所示。

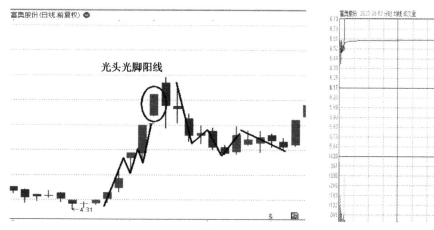

图 10 - 4

股理逻辑：此前股价出现连续上涨，短线市场已积累了大量获利盘，当日股价已处于五波上涨波段，从K线波段的构架上讲，已基本满足了上涨波段要求，股价随时都有可能出现回调。短线操作宁放弃不追买。应以观望为主。

八卦解盘：依八卦象的运势而看，连续三阳线属乾卦，意在至阳易折。后若出现高开阴线则转换为二阳一阴的兑在五行中虽为金，但在卦象中属于泽，近于水，水在金之上，有水漫金山之势。需要警惕下跌。

三、长下影光头阳线的实战判断

长下影光头阳线，通常认为是探底回升，多头占据优势，后市理应继续看多。但无为股理认为位置决定性质。不同位置上出现相同表相的K线其性质将完全不同。当长下影阳线处于高位时，往往暗含着市场空头已有所企图。后市若长下影阳线被跌破，则上涨行情结束，股价将会由涨转跌。

（一）案例5：南纺股份（600250）

2020年4月7日出现长下影线光头阳线。单日K线表象为强势，后市应继续看涨。但由于股价处于连续上涨之后，且当日K线构架呈现探低后三波段尾盘急拉结构。显示市场出现浮躁情绪。如图10－5所示。

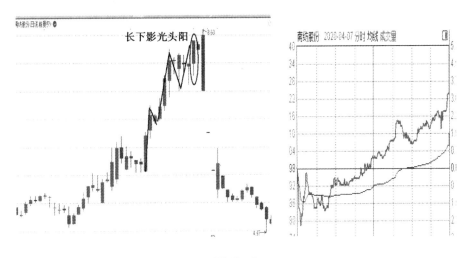

图10－5

股理逻辑：股价处于大幅上涨后的整理中，全天呈现探低后的稳步拉升状态，表明市场仍有做多意愿。但尾盘突然急速拉升，暴露出主力急于出货的意图。尾盘急拉升，无非是两个原因：一是主力建仓完毕后，通过急拉快速脱离成本区。二是消息面可能出现变化。从当时的股价运行看，显然不会是第一种情况。因此，极有可能是第二种情况出现。若第二天不能出现大幅上涨，则基本可以推断，后市将出现调整。

八卦解盘：从 K 线组合看，光头阳线出现前，K 线组合为二阳夹一阴，卦象为离卦。离卦属性为火。但大阳出现，K 线组合转换为一阴二阳，卦象为巽，属风，本应火借风势看涨，但无耐风在火之上，则风大而火灭。需要警惕下跌。

（二）案例 6：中国天楹（000035）

2020 年 6 月 12 日出现长下影光头阳线。从技术上看，股价走出下跌背驰波浪。当日股价出现探低后的三波浪上涨，显示股价有止跌迹象。如图 10 - 6 所示。

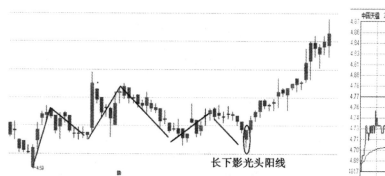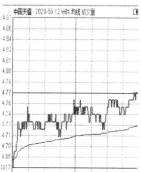

图 10 - 6

股理逻辑：股价走出背驰调整波浪，说明市场的整体做空能力减弱。当日股价出现探底回升，说明空头的下杀力已不大。股价以带长下影光头阳线收盘，预示多头有反击欲望。

八卦解盘：低位出现二阴一阳组合，卦象为艮卦，艮为山，有定之意。表明股价有止跌之意。后卦象转一阴二阳的巽卦，巽为风。艮与巽相合有平地风起之意。股价可能会出现顺势上涨。

四、上下影线阳线的实战判断

K 线出现上下影线意味着全天多空争夺十分激烈，股价围绕着开盘价反复震荡，最终以双方各有所获的结果收盘，从而产生上影线和下影线。上下影线阳 K 线，是一种多方稍占优势的体现，但 K 线所处的位置不同，对后市股价的走势也将不同。一般而言，当股价处于大幅调整后，出现带明显上下影线的阳 K 线，往往具有多头试盘的意思，后市有望出现价格反转。相反，当股价处于大幅上涨后出现带明显上下影的阳 K 线，往往又预示股价的上涨已临近尾声。

（一）案例 7：中国宝安（000009）

2020 年 2 月 5 日出现一根带上下影线的阳线。首先，我们为什么要关注这根

K线，因为它处于股价经过下跌波段出现止跌信号后，较长上下影线预示盘中多头经过攻击与下探测试。其次，股价最终以阳线收盘，且收盘价高于昨日最高价，预示多头占优势，后市上涨概率较大。如图 10 – 7 所示。

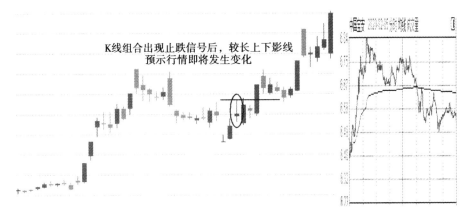

图 10 – 7

股理逻辑：股价以近于十字星形状收盘，说明多头争夺激烈，但收盘以阳线报收，且站在昨日最高价之上，表明多头优势，后市上涨机会大。

八卦解盘：依八卦运势看，此前 K 线组合二阴一阳属于艮卦，艮为山，含定之意，后转为一阴二阳巽卦，巽为风。风起于平地，在于势力，后转为二阳一阴兑卦，构成风生水起之势，则看涨。

（二）案例 8：ST 飞乐（600561）

2020 年 6 月 30 日出现上下影阳线。之所以关注这根阳线，首先，在它出现之前股价的波浪由下跌波浪转换为上涨波浪。此时，K 线走出上下影阳线，带有止跌性试盘意思。其次，当日阳 K 线实体近乎将前两日阴 K 实体尽数吞没，预示多头力量较大，如图 10 – 8 所示。

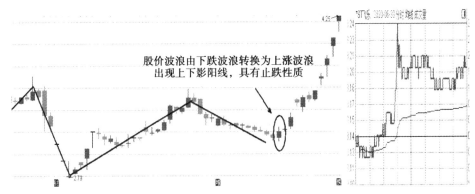

图 10 – 8

股理逻辑：股价在连续阴线杀跌后出现嵌入式阳，具有止跌寓意。当日 K 线结构呈现下杀式反身构架，尾盘虽有所回落，但强势特征明显。后市止跌信号若得到确认，则可认为新的上涨开始。

八卦解盘：此前连续阴线，卦象为坤，坤为地，阴至极则返，后转换为二阴一阳巽卦，属山，意在定。由此判断股价可能出现止跌反转走势。临盘关注。

五、上影光脚阳线的实战判断

上影光脚阳线属多头强势 K 线，但处于高位置的上影阳线，往往暗示股价的上涨遇到阻力，若此时的 K 线构架出现背驰结构，则预示股价将出现调整走势。相反，上影光脚阳线若出现在股价经历调整之后，往往是较明确的止跌信号，上影光脚被突破将是极好的买入时机。

（一）**案例 9：保变电气（600550）**

2020 年 2 月 4 日，该股股价在经历长期调整后走出上影光脚阳线，预示行情可能出现止跌反转。此前连续缩量杀跌说明下杀力不强，放量阳线表明底部出现承接盘。如图 10 - 9 所示。

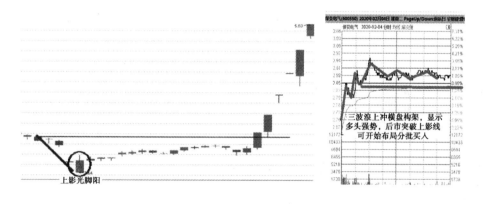

图 10 - 9

股理逻辑：连续下跌后，当日出现反转 K 线。K 线构架呈现三波浪上冲横盘结构，且横盘不破前上升波浪低点，表明多头反击意愿强烈。后市若能突破连阴组合构成买点。应给予关注。

八卦解盘：此前连续阴线，卦象为坤，坤为地，阴至极则返，后转换为二阴一阳巽卦，属山，意在定。由此判断股价可能出现止跌反转走势。临盘关注。

（二）**案例 10：东阳光（600673）**

2020 年 7 月 14 日，该股股价走出长上影光脚阳线。此前股价出现了一定幅度的上涨，显示股价处于上涨阶段，多头占据市场主导，后市理应继续看涨。但股价随后不涨反跌，原因何在？我们从股价的上涨波段可以看出，波段已完成五波上涨构架，存在着回调休整的条件。当日股价冲高回落，分时结构上形成双头，预示多头攻击即将结束。如图 10－10 所示。

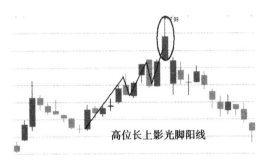
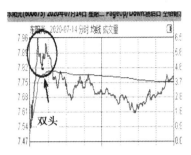

高位长上影光脚阳线

双头

图 10－10

股理逻辑：股价的上涨波段完成 5 波构架，预示上涨波段或将进入短线的调整。当日分时走出双头，暗示多头优势已减弱，后市出现调整的概率加大，操作上暂时观望。跌破光脚阳线卖出。

八卦解盘：股价处于上涨阶段，K 线组合出现一阴二阳组合，卦象为巽，巽为风。风起高处意在险。临盘应以避险为主。

第二节 单一阴 K 线的实战应用

阴线通常意味着当日市场空头占据着主导地位。后市以继续看跌为主。K 线收阴是由市场的供需关系所决定的，当市场供大于求时，股票的持有者会急于抛出股票，致使市场的可供交易量增加，供需关系发生改变，导致股价下挫。阴 K 线有几种表现形式：光头光脚阴、上影光脚阴线、下影光头阴线及上下影阴线。一般情况下，光头光脚阴线代表着空头力量极强；上影线越长，表示上档的卖压越强，即意味着股价上升时，会遇到较大的抛压；下影线越长，表示下档的承接力越强，意味着股价下跌时，会有较多的投资者利用这一机会逢低买进股票。

一、光头阴线的实战判断

光头阴线意味着市场空头占据绝对优势，在通常情况下后市股价仍会继续下跌。但是，如果股价已处于大幅调整之后，此时若出现缩量的光头阴线，往往暗示下跌行情即将结束。股价将见底回升。

（一）案例 1：中华企业（600675）

2020 年 6 月 23 日、29 日出现光头阴线。此前股价处于调整阶段。成交量持续减少，说明市场已出现惜售心态。而光头阴是空头的极致体现，后市若能突破光头阴线，则多头转强。如图 10－11 所示。

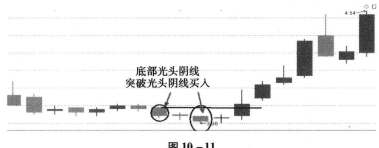

图 10-11

股理逻辑：无量光头阴线意味着市场的主动性的卖盘减少，市场的供需关系发生了改变。因此，此时应注意观察后市股价能否突破极致阴线。若能突破则预示股价将重拾升势。

八卦解盘：股价连续三天收阴，依八卦运势而言，三阴为坤，属于阴至极，后市将面临反转。即阴极而生阳之自然法则。后市应加以关注。

（二）案例 2：四川金顶（600678）

2020 年 5 月 12 日在连续攻击阳 K 线后出现光头的阴线，预示短线的调整压力加大。连续阳线后出现光头的阴线，说明多头的优势完全丧失，当日空头掌控了股价走势，后市以看空为主。如图 10-12 所示。

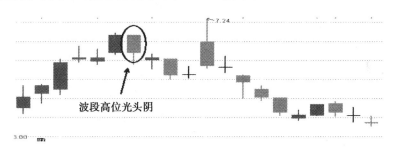

图 10-12

股理逻辑：阳线后出现光头阴线，在 K 线组合上已构成阳阴反身组合，预示多空即将出现转换。后市一旦跌破阳阴滞涨组合信号，立即卖出股票。

八卦解盘：当日 K 线与前两日 K 线组合构成二阳一阴，卦象为兑，兑为泽。近于水。而股价此时处于高位，水在高处，意在下。后市应警惕下跌。

（三）案例 3：四川金顶（600678）

2020 年 1 月 3 日走出光头光脚阴 K 线，随后股价出大跌。从图 10-13 可以看到，此前股价震荡上涨，涨势十分强劲。但高位长阴将多头的优势一举扫除。由此告诫我们市场的强势可在瞬间消失，切勿追高买入，宁错过，莫追高。

股理逻辑：股价连续跳空高开，且高举高打，显示市场主力急于套现，意在长远。因此，操作上应敬而远之。

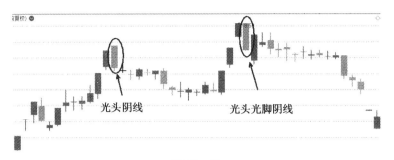

图 10 - 13

八卦解盘：K 线组合构成二阳一阴，卦象为兑，兑为泽。近于水。而股价此时处于高位，水在高处，意在下。后市应警惕下跌。

二、光脚阴线的实战判断

光脚阴线仍属于空头强势 K 线性质。与光头阴线不同的是，光脚阴线是由于空头的反击所产生的结果，因此，光脚阴线的出现对于后市股价的走势具有更多的不确定性。当光脚阴线出现后，投资者应特别注意股价的突破方向。

（一）案例 4：珠江实业（600684）

2020 年 7 月 7 日收出带上影线的光脚阴线。由于此前股价处于上涨阶段，光脚阴线的出现预示空头出现了强势反击，市场追涨买入的意愿已经不强，后市股价或将进入调整阶段。如图 10 - 14 所示。

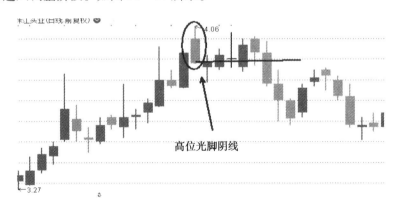

图 10 - 14

股理逻辑：股价高开的本意应是继续做多，但上冲遇到打压，形成退潮之势。光脚阴线属标志性 K 线，无论它处于何位置，只要后市股价跌破它的脚，都将出现较大幅度的调整。

八卦解盘：股价处于高位，K 线组合构成二阴夹一阳，卦象为坎，坎为水，水在高处自然向下流。警惕股价出现调整。

（二）案例 5：ST 岩石（600696）

2020 年 7 月 24 日收出一上影光脚阴线。若单从 K 线的性质上讲，属于弱势线形，后市仍将看跌。但从整体的股价运行情况看，股价经过大幅调整后，先后走出光头探底阴线和上冲光脚阴线，说明市场的多头已开始测试市场空头的打击力。这意味着市场多头已蓄意反击。此时，应注意股价能否出现止跌组合，一旦出现则多头反击开始。如图 10 - 15 所示。

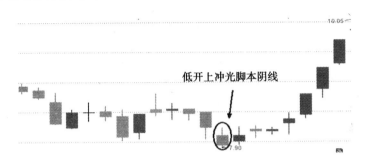

图 10 - 15

股理逻辑：两日阴 K 线组合为光头光脚阴线，后市若不能出现低点阴线，则暗示此前阴线为空头的最后一杀。止跌信号出现，即刻分批买入。

八卦解盘：股价处于下跌阶段，K 线组合为二阴一阳，卦象为艮，艮为山，意在定。股价有望出现止跌，注意卦象的转换。

三、长上影阴线的实战判断

上影阴线属于抵抗型下跌结构，它多为先涨后跌，底部支撑力不大，在上涨波段中出现长上影阴线往往是结束升市的前兆信号。但在下跌波段中出现，往往是股价止跌的前兆信号。

（一）案例 6：北汽蓝谷（600733）

2020 年 7 月 10 日在经历大幅上涨后出现长上影阴线，预示上方抛压加重，股价在高位承接意愿减弱。预示短线的上涨行情即将结束。如图 10 - 16 所示。

图 10 - 16

股理逻辑：股价在高位出现长上影阴线，反映出市场获利了结的意愿较为强烈。多方无力承接市场的抛压。遇此现象操作上应立即减仓，若第二日股价不能走出新的高点，则清仓卖出。

八卦解盘：股价处于上涨阶段，卦象由二阴夹一阳的坎卦，坎卦为水转换为二阳夹一阴的离卦，离卦为火。水火不相容，坎卦在离卦之上，即水在火之上而灭火。后市看跌。

（二）案例 7：爱尔眼科（300015）

2020 年 3 月 23 日出现大幅下跌后的长上影阴线，随后股价出现反转走势。长上影通常表示上方压力较大。但在股价大幅杀跌后，且当日低开的情况下，出现长上影线，反映出市场已发出反攻的意图，预示下跌行情即将结束，应加以关注，如图 10 - 17 所示。

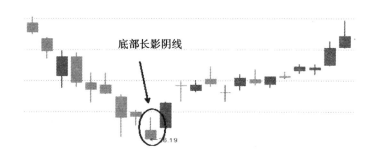

图 10 - 17

股理逻辑：股价低开意在继续下杀，但却遇到了多头的反击，说明市场已出现抄底的意愿，尽管此时，市场仍处于空头，但市场已由一致性看，转变为多空分化。股价或由此止跌回升。后市应关注上影线位置的突破。一旦形成突破，行情转势开始。

八卦解盘：股价处于下跌阶段，二阴一阳组合卦象为艮，艮为山，意在定。寓意股价跌势将止。后市看涨。

四、长下影阴线的实战判断

长下影阴线属于下跌抵抗型。暗示底部有较强支撑力，后市可能趋于上升。如果在持续上升的行情中出现，上涨行情或即将结束；行情将由上升转为下跌。但如果出现在持续下跌的行情中，长下影的出现则意味着行情的底部即出现，股价即将出现反弹或反转。

案例 8：海航科技（600751）

2020 年 4 月 28 日出现长下影阴线。此前股价一直处于下跌调整中，当日股价低开后出现快速下杀，但随即被拉起，之后再无力走出新低。暗示空头的打击力量出现衰竭迹象。如图 10 - 18 所示。

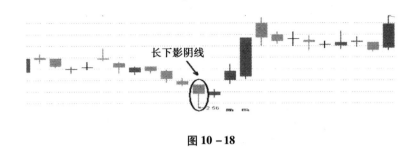

长下影阴线

图 10 - 18

股理逻辑：长下影本身表明股价在低位存在支撑力，大幅调整后的低开，本意是仍存做空的意愿。但股价被拉起后再无力向下打出低点，说明市场多空力量对比已出现变化。此时，应注意股价即将出现反弹。

八卦解盘：股价处于下跌阶段，二阴一阳组合卦象为艮，艮为山，意在定。寓意后市股价有望止跌反弹。

第三节　双阳组合实战判断技法

单根阴线或阳线对股价后期的运行趋势，作出准确的判断是比较困难的。K线的双线组合形态，对股价后期走势的判断分析，相对于单一K线而言就要准确得多。因为双线形态基本上可以反映出短线多空转换或延续状况。但这里需要强调的是，双线组合在绝大多数的情况下，并不能对股价的趋势产生动摇作用。双线组合的作用在于，它能帮助交易者寻找到更合适的买卖时机，最大程度上提高你的胜算。

双K线的组合是最基础的K线组合，两根K线能够组成的组合大致可以分为几种形式：①双阳组合；②双阴组合；③前阳后阴组合；④前阴后阳组合。

这里需要指出的是，双线组合很难单独存在，如何判断组合的性质，需要结合所处行情的位置综合给予判断。

双阳组合有五种表现形式：①低开上冲阳组合；②高开上冲阳组合；③低开嵌入阳组合；④低开孕育阳组合；⑤低开包容阳组合。如图 10 - 19 所示。在通常情况下，双阳组合形式都意味着后市股价仍会继续向上。但需要注意的是，若双阳的实体出现明显的缩小时，则预示股价的上冲力减弱，后市可能会出现调整走势。

（一）上冲双阳组合的判断

上冲双阳组合有两种表现形式：一种是低开上冲阳；另一种是高开上冲阳。上冲双阳组合属于多头强势组合。如图 10 - 19 所示。上冲双阳组合的第二根阳线实体越大，超出前一根 K 线越多，则组合力度就越强，后市仍坚定看涨。反之，上冲阳线实体小于前一阳线实体，则攻击性变弱，后市可能将出现冲高回落的调整走势。

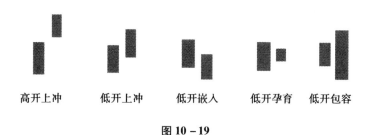

高开上冲　　低开上冲　　低开嵌入　　低开孕育　低开包容

图 10 – 19

实战案例分析：如图 10 – 20 所示，股价前期处于下跌调整。止跌信号出现后，股价出现高开上冲双阳组合，预示多头的反击欲望非常强烈，后市即使有所回调也应是短暂的，积极买进后市看涨。止损放在高开阳线低点位。

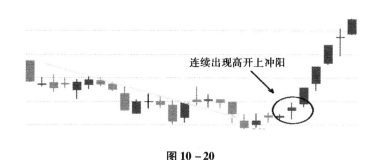

图 10 – 20

八卦解盘：上冲双阳与此前阴线组合，构成一阴二阳，卦象为巽，巽为风。平地风起，意在扬。股价后市可能将起涨。

实战案例分析：如图 10 – 21 所示，股价同样是经过大幅调整后出现高开上冲双阳组合。尽管股价也有所上涨，但高开上冲双阳上冲幅度越来越小，预示多头已进攻乏力，股价即将会出现调整。不宜追高买入。

图 10 – 21

八卦解盘：上冲三连阳，形成三阳组合，卦象为乾，乾属极阳。阳极必返阴。后市需要警惕股价出现调整。

实战案例分析：如图 10 - 22 所示，股价走势在低位出现低开上冲双阳组合，预示多头的进攻欲望仍十分强烈。股价低开暗示空方占优，但却出现高走，说明市场买盘坚决。后市看涨，跟进买入。

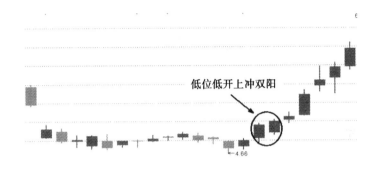

图 10 - 22

八卦解盘：上冲双阳前，卦象为二阴一阳组合，卦象为艮，艮为山。随后三阳组合为乾卦，乾为天，五行属性为金，金出于山为宝。后看涨。

（二）低开孕育双阳组合的判断

孕育双阳组合属于多头观望性质，后一阳线整体处于前一阳线实体内由表明多头的新生力量尚未形成。后市特别需要关注股价的突破方向。孕育线的特点是一旦选择了方向，往往在短期内不会立即改变。

实战案例分析：如图 10 - 23 所示，股价在经过整理后出现孕育双阳组合，表明虽然市场出现了转强的迹象，但多头初始，市场尚未达成一致看多倾向，出现孕育组合意味市场仍处于观望阶段。后市若能对组合体形成突破，则表明多空力量发生质变，可适时跟进；否则，应继续观望。孕育组合本身属于观望信号性质。当孕育组合出现在低位时，向上的概率往往会大于向下的概率。

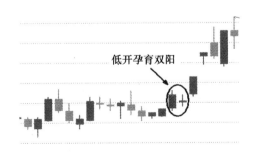

图 10 - 23

八卦解盘：股价震荡整理，K 线组合出现三阳组合，卦象为乾，乾为天。但此时处于整理阶段，即天地初分，意在阳气腾升之初。后市看涨。

实战案例分析：如图 10－24 所示，股价在高位震荡，K 线组合走出孕育双阳。预示多头上攻乏力，股价可能会发生变化。此时，应注意观察孕育组合的突破方向，若股价跌破孕育组合低点位，则可以判定后市下跌，适时卖出。

高位孕育双阳

图 10－24

八卦解盘：高位三阳组合，属于乾卦。乾为至阳。阳极易折。应警惕股价回落。

（三）双阳嵌入组合的判断

双阳嵌入组合属于多头抗体击性质。其市场的表述为，空头的打压受到了多头的反击，尽管最终能以阳线收盘，但仍处于弱势之中。在行情处于上涨初期出现嵌入双阳组合，表明市场的空头力量已出现了衰退，行情有望向上转变。而下下降走势中它往往是下跌中继的表述。

实战案例分析：如图 10－25 所示，股价在下跌初始，出现嵌入双阳组合，此时，由于行情处于下跌初期，多头尚存抵抗力，因此往往会出现较强的反弹行情。但这种反弹若不能出现连续性，并走出新的波段高点，则只能成为下跌的中

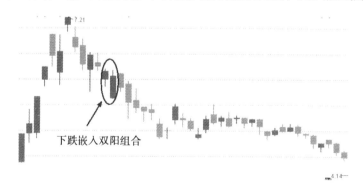

下跌嵌入双阳组合

图 10－25

继，后市股价仍会下跌。遇到嵌入双阳组合首先要看其所在位置，若处于相对的高位，则操作上以观望或适时减仓为主，切勿盲目买入。操作指导思想是宁失勿追。

八卦解盘：股价处于下跌阶段，K 线组合呈现一阴二阳，卦象属巽，巽为风。下山之风，势难挡，继续看跌。

实战案例分析：如图 10－26 所示，股价经过长期调整，已处于相对的低位。此时，K 线组合出现嵌入双阳形态，暗示市场空头的打击力或已进入强弩之末阶段。此时，应注意观察后市股价能否对嵌入双阳形成突破。若能形成向上突破，则可判断股价见底，择机买入。止损放在嵌入双阳组合构架低位。

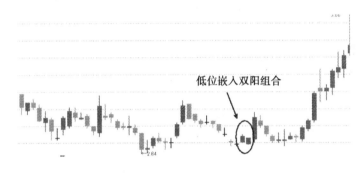

图 10－26

八卦解盘：股价横盘整理之中。K 线组合为一阴二阳，卦象为巽。巽为风。平地起风意在扬。

（四）双阳包容组合的判断

双阳包容是指后一阳线开盘时低于前一阳线的最低价，收盘时已将前一阳线整体覆盖的组合形态。双阳包容组合属于变盘信号性质。在行情的中继阶段其市场意义并不大。但此种组合若出现在市场的底部或顶部，往往预示行情将发生改变。

实战案例分析：如图 10－27 所示，股价处于调整后的低位，双阳包容组合的出现，意味着多头力量增强，是较强的转势信号。股价向上突破的概率非常大，临盘应适时参预跟进。

八卦解盘：股价处于下跌阶段，K 线组合为一阴二阳，卦象为巽。巽为风。而此前为二阳夹一阴，属离卦。离为火。火借风势意在起。

实战案例分析：如图 10－28 所示，股价在相对的高位区出现双阳包容组合。表面上看是一种非常强势的表现，但双阳包容组合并没对此前的阴线杀跌组合形成有效突破，属于事倍功半，显露出多头的攻击力不强。预示股价将出现变盘走势。临盘观望为主，切勿冒进。组合体低位跌破，确立多头失败，卖出。

图 10 – 27

图 10 – 28

八卦解盘：依八卦运势看，一阴二阳属巽卦，巽为风，高处起风，意在险。后市应注意风险。

小结：双阳组合是强势组合。但如果第二概要有阳线出现低点，则意味着多头的攻势已出现弱化。判断上应注意双阳组合所在位置，若处于高位时第二根阳线若没有高点出现，则注意股价可能见顶。

第四节 双阴组合实战判断技法

双阴组合是一种空头强势组合，其市场含义是，空头占据了市场的主导地位。在实盘操作中以卖出手中股票为主。但双阴组合同样具有反转信号性质，当股价处于阶段性高位时，它具有非常强烈的见顶警示信号；而当股价处于相对的低位时，双阴组合往往暗示着股价或已临近底部。

双阴组合常见的主要表现形式有：①低开下杀双阴组合。②高开下杀双阴组合。③高开嵌入双阴组合。④高开包容双阴组合。⑤高开孕育双阴组合。如图 10 – 29 所示。

一、低开下杀双阴组合

该组合是一种空头极强的表现组合，属于强势看空性质。在通常情况下，这

低开下杀　　高开下杀　　高开嵌入　　高开包容　　高开孕育

图 10 – 29

种组合一旦出现，意味着后市股价仍会继续下跌。操作上应及早卖出手中股票。但如果低开下杀双阴组合出现在连续大幅下跌后，则往往是股价即将出现反弹走势的前兆。如图 10 – 30 所示。

图 10 – 30

相反，如果低开下杀双阴组合出现在股价连续大幅上涨之后，往往是一个十分明确的见顶信号，后市股价往往会出现较大幅度的下跌。股票持有者应及时地卖出自己手中的股票。如图 10 – 31 所示。这里还需要特别提醒的是，低开下杀双阴组合，时常会出现的行情的中继阶段，此时，由于股价已出现过一波大幅下跌，因此，投资者经常会误把它当作止跌信号看待。如图 10 – 32 所示。

图 10 – 31

　　八卦解盘：图 10 – 30 股价处于下跌阶段，出现二阴一阳组合，卦象为艮。艮卦为山，寓意股价调整将结束。
　　八卦解盘：图 10 – 31 股价处于大幅上涨后，K 线组合形成一阳二阴，卦象为震。震为雷，晴空雷起寓意变，需要警惕股价下跌。

八卦解盘：图 10-32 下跌阶段出现三阴组合，卦象为坤，坤为地，属极阴。阴极则返，预示股价的下跌已到了最后阶段。

图 10-32

二、高开下杀双阴组合

这也是一种极度看空的组合，属于空头强势性质。它多出现在上涨行情的尾声阶段和下跌行情的中继阶段。如果这一组合出现在上涨阶段，则意味着股价的上涨行情即将结束，后市往往会出现较大幅度的下跌。因此，投资者对此信号要高度重视，一经发现及早离场。如图 10-33 所示，股价在高位连续出现高开下杀双阴组合，市场见顶信号十分明显。此时股票持有者应及时卖出手中股票。

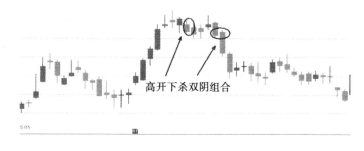

图 10-33

八卦解盘：股价在高位出现一阳二阴，卦象为震，震为雷。雷起于高处，意在险。操作以避险为主。

如图 10-34 所示，股价在反弹行情中出现高开下杀双阴组合，预示反弹行情结束，股价重新步入下跌行情，将出现大幅调整。

八卦解盘：图 10-34 股价在高位出现一阳二阴，卦象为震，震为雷。雷起于高处，意在险。操作以避险为主。

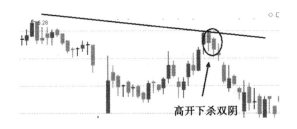

图 10 - 34

三、高开嵌入双阴组合

高开嵌入双阴组合表现形式为，当日股价开盘高于前一日阴线的开盘价，但随后出现回落，以阴线收盘，但当日的最低价却高于前一阴线的收盘价。高开嵌入双阴组合具有明确的止跌指向，特别是在股价经过大幅下跌后，出现高开嵌入双阴组合，其止跌指向更为明确。后市股价若突破高开嵌入双阴组合高点，是极好的买点位。如图 10 - 35 所示。

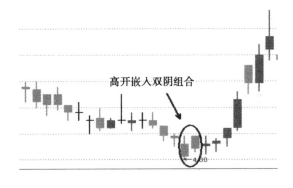

图 10 - 35

八卦解盘：三阴 K 线组合，卦象为坤，坤为地，后转为二阴一阳，卦象艮，艮为山，意在定。预示股价跌势将止。行情将发生转折。

四、高开包容双阴组合

高开包容双阴组合的表现形式是，当日股价开盘高于昨日阴线的最高价。但随后出现冲高回落状态，收盘时股价已跌破前一阴线的最低价，将此前阴线整体覆盖，形成包容状。此组合性质属于多头抵抗失败性质。但如果高开包容双阴组合出现在下跌行情的底端，则是较为明确的见底信号。如图 10 - 36 所示。而当它出现在上涨行阶段，往往是明确的见顶信号，如图 10 - 37 所示。

八卦解盘：图 10 - 36 调整中卦象由坤卦转为艮卦。股价跌势将减弱，后市有望止跌反转。

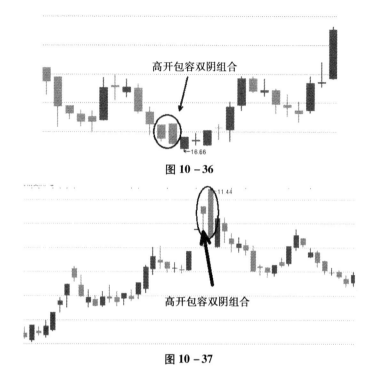

高开包容双阴组合

图 10 - 36

高开包容双阴组合

图 10 - 37

八卦解盘：图 10 - 37 股价处于高位，一阳二阴为震卦，震为雷，高处响雷意在险。应注意逢高减仓。

五、高开孕育双阴组合

高开孕育双阴组合经常会在上涨行书情的末端出现，它的表现形式为，股价当日开盘大幅高开在昨日阴线收盘价之上，但股价却没能形成向上的攻击，全天在昨日 K 线实体内运行且以阴线收盘。高开孕育双阴组合属于多头抵抗性质。它出现在高位时，往往是十分明确的滞涨信号，后市股价出现下跌走势是大概率之事。如图 10 - 38 所示。

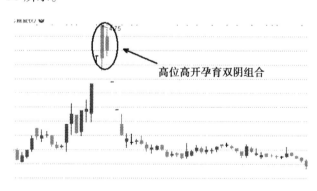

高位高开孕育双阴组合

图 10 - 38

八卦解盘：大幅上涨后出现一阳二阴 K 线组合，卦象为震卦，震为雷，高处响雷意在险。应注意逢高减仓。

小结：双阴组合，多为空多优势性质，因此，应特别注意双阴组合出现的位置，在 K 线波段完整时，若处于上涨波段，则见顶的概率非常大，但若处于下跌波段，则见底的概率非常大。对它的判断重点看组合体高低的突破选择。

第五节　阴阳双线组合实战判断技法

阴阳双线组合是一种多空转换组合的最小转换形式。它的表现形式有前阴后阳和前阳后阴两种。每种又可以若干个形态出现。但无论哪一种形式的阴阳组合或阳阴组合，都意味着股价的供需关系正在悄然发生着变化。特别是当价格波段走势满足于波段构架条件后，出现的阴阳组合，往往暗示着市场价格波段即将发生转折。

一、前阳后阴组合

前阳后阴组合的表现形式，是一种由多头向空头转换的形式。但在上涨波段中它经常起到中继性的作用，对价格的上涨不会产生大的影响。但当波段构架完成后，它往往是较明确的见顶信号。前阳后阴组合的主要表现形式如图10－39所示。

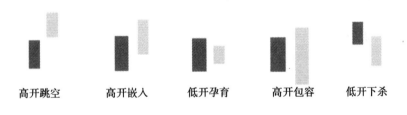

高开跳空　　　高开嵌入　　　低开孕育　　　高开包容　　　低开下杀

图 10－39

（一）高开跳空阳阴组合

即在前一日股价以阳线收盘的基础上，今日股价承接前日阳线上攻之势大幅高开，然而却出现高开低走现象，尽管全天并没有回补跳空缺口，但最终以阴线收盘。如图 10－40 所示。股价高开意在做多，但却高开低走，出现这一现象，应不排除空方有意放弃开盘争夺，实行诱多。之后，在高位有节制地抛售股票。全天不补缺口意在表示支撑强劲，继续诱骗看涨者买进。

股理逻辑：跳空高开低走，意味上方已出现主动性的大量抛盘，高位筹码开始松动。应适时卖出手中股票。操作策略：宁错卖，勿贪婪。

八卦解盘：二阳一阴属兑卦，兑卦为泽，近于水，随后转一阳二阴震卦，震为雷，雷雨交加为之险。操作以避险为主。

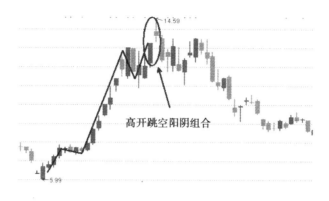

图 10 – 40

（二）高开包容阳阴组合

该组合表现形式是，股价当日高开，但并没形成上冲之势，而是低走，将昨日阳线的最低价尽数吞噬最终以阴线收盘，形成包容组合。如图 10 – 41 所示。股价大幅上涨后，出现阳阴包容组合意味多头的攻击力已大为减弱，市场的抛盘已出现无节制现象，但由于前期市场表现强势，市场仍有做多愿望，因此，市场往往不会对这种组合产生恐慌。

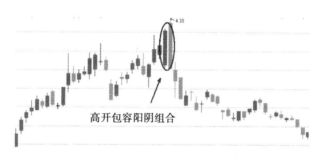

图 10 – 41

股理逻辑：强势中出现阴包阳往往并不会引起市场恐慌。但聪明的投资者应意识到，多空力量已出现转换迹象。高开低走本身就已表明多头无意继续向上攻击。临盘策略：宁错卖，也要卖。

八卦解盘：二阳一阴卦为兑，兑卦为泽近于水，水在高处自往低处流。

（三）高开嵌入阳阴组合

该组合股价在前阳线的基础上，当日高开。但最终收盘却以阴线报收，K 线实体部分嵌入到前阳线实体内。如图 10 – 42 所示。高开嵌入阳阴组合，属于多头攻击受阻性质。它反映出多头的攻击力正在减弱，空头已有反击之意。

股理逻辑：高开后股价不能向上冲击，最终以阴线收盘。属于当涨不涨，应看跌。但由于市场的多头尚未完全放弃，操作上可适时减仓观望。临盘策略：减持半仓，准备清仓。

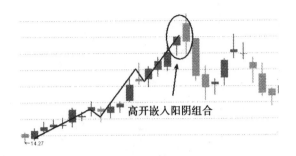

图 10 - 42

八卦解盘：二阳一阴卦为兑，兑卦为泽近于水，水在高处自往低处流。股价或将出现调整，避险为宜。

（四）低开孕育阳阴组合

该组合是一种明显的多翻空的性质。它的表现形式是，股价低开低走，但全天股价震荡幅度较小，基本在前阳线的实体范围内。如图 10 - 43 所示。此种组合反映出多头已无意再向上冲击，但市场的热情尚未减退，因此，行情处于自由落体状态。

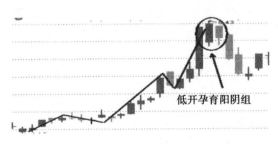

图 10 - 43

股理逻辑：前日阳线收盘，正常情况下即使当日低开，也应有向上冲击的动作出现。但低开低走，就表明市场的多空意向已发生改变，市场多头处于观望状。临盘策略：减仓观望，准备清仓。

八卦解盘：依八卦运势，二阳一阴为兑卦，兑为泽，属于水，水在高处为险地。预示股价上涨将结束。

（五）低开下杀阳阴组合

低开下杀阳阴组合是一种极度空头的表现形式。它意味着市场的多空力量已发生根本性的转变。它的表现形式是，股价低开低走，跌破之前阳线的低点。收盘前一阳线的最低点之下。如图 10 - 44 所示。股价跌破了阳线的最低位，说明多头的防线失守，市场已收多翻空。

股理逻辑：在市场强势的条件下，股价能走出低开低走的阴线，表明市场的多头已开始放弃进攻，市场出现多杀多的翻空力量。临盘策略：宁早卖，不拖延。

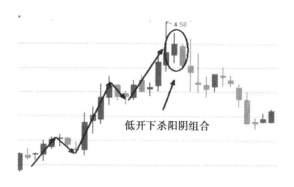

图 10 − 44

八卦解盘：依八卦运势，二阳一阴为兑卦，兑为泽，属于水，水在高处为险地。预示股价上涨将结束。

小结：利用阳阴组合判断市场顶部的原则是：阴线实体要大于前面的阳线实体。若阴线实体小于前面阳线实体，则需要等待下一根线的确认。阴线跌破最后攻击阳线低点，即顶部确立。阳阴组合体低点被跌破，坚决卖出。

二、前阴后阳组合

前阴后阳组合属于多头反击性质组合。它的表现形式有很多种，但具有明显的市场导向意义的有以下五种形式，它们是：高开上冲阴阳组合的、跳空上冲阴阳组合、低开包容阴阳组合、高开孕育阴阳组合、低开嵌入阴阳组合。如图10 − 45 所示。

高开上冲　　　跳空上冲　　　低开包容　　　高开孕育　　　低开嵌入

图 10 − 45

（一）高开上冲阴阳组合

此组合属于多头强势反击性质。表现为当日股价低开后不跌反涨，收盘以阳线报收，且收盘价高于前阴线的最高价。显示市场极强的做多欲望。如图 10 − 46 所示。股价连续下跌，显示空头力量极强。此时机，股价出现高开高走，意味着逢低买盘的出现，市场做空意愿出现弱化，股价或由此开始转强。

股理逻辑：弱势中股价能高开高走，反映出市场的逢低承接买入意愿增强。

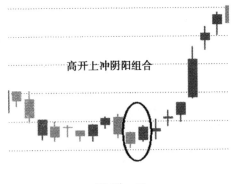

图 10 - 46

后市若能突破组合体高点，则可确立股价转势。临盘策略：适时跟进，确立加仓。

八卦解盘：二阴一阳为艮卦，艮为山，意在定。寓意跌势将止。后市看涨。

（二）跳空上冲阴阳组合

这是一种极强的阴阳反身组合，寓意市场做多信心大增。其表现形式为，股价当日高开高走，全天股价走势基本上运行在昨日阴线最高价之上。显示市场看涨后市的意愿十分坚定。如图 10 - 47 所示。

股理逻辑：弱市中出现跳空高开现象，一般多为基本面或消息面上发生变化，刺激市场的做空欲望，市场形成空翻多现象，应积极跟进。临盘策略：宁买错，不错过。

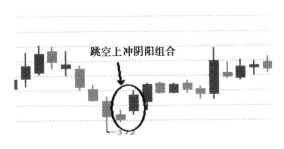

图 10 - 47

八卦解盘：二阴一阳为艮卦，艮为山，意在定。寓意跌势将止。后市看涨。

（三）高开孕育阴阳组合

它属于阴阳反身性质信号，市场寓意股价的下跌力量减弱，多头已开始尝试性反击。后市一旦突破阴阳孕育组合高点，则意味股价的反转成立，股价新的升势展开。如图 10 - 48 所示。

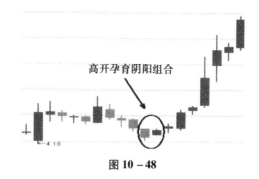

图 10 - 48

　　股理逻辑：股价处于弱势中，当日开盘能出现高开现象，反映出市场已出现逢低的抄底盘。开盘后仍能保持高走，以阳线收盘，尽管没能走出高点，但已反映出空头已出现了弱化。临盘策略：收盘前跟进，布局。

　　八卦解盘：二阴一阳艮卦转换为一阴二巽卦，艮为山巽为风，山底风吹起，意在扬。

　　（四）低开包容阴阳组合

　　该组合表现形式是，当日股价低开，但随即出现高走现象，收盘时站在前一阴线的高点之上，以阳线收盘，K 线组合构成阴阳包容结构。此种组合性质为阴阳反身，多头优势组合，后市看涨概率要远大于下跌概率。如图 10 - 49 所示。

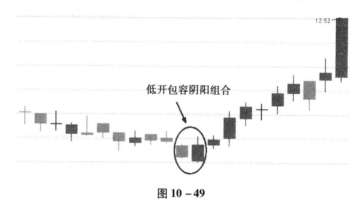

图 10 - 49

　　股理逻辑：股价低开，反映空头强势。但低开后高走，则暗示逢低主动性买盘力量极强。原因可能是：要么消息面出现变化，要么市场对市场底部的认识出现一致性。临盘策略：适量跟进，突破加仓。

　　八卦解盘：二阴一阳艮卦转换为一阴二巽卦，艮为山巽为风，山底风吹起，意在扬。

　　（五）低开嵌入阴阳组合

　　它属于阴阳反身组合性质，其表现形式是，当日股价低开，但稍加探低后即出现上冲，收盘以阳线报收，K 线实体嵌入前阴 K 线实体内，形成嵌入结构。其市场寓意是止跌信号，后市股价由此可能出现反转走势。如图 10 - 50 所示。

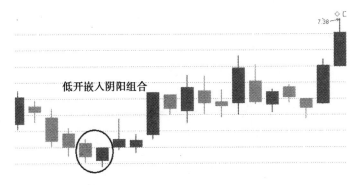

图 10－50

股理逻辑：股价低开，表示空头占优。但股价最终以阳线收盘，反映出市场的杀跌力量已大为减弱，多头已有能力收复部分失地，表明多力量对比发生变化。临盘策略：收盘前适量跟进，突破组合体高位加仓。

八卦解盘：二阴一阳艮卦转换为一阴二巽卦，艮为山，巽为风，山底风吹起，意在扬。后市看涨。

小结：通过阴阳组合判断市场阶段底部时应注意，阳线实体应大于阴线实体，若小于阴线实体，则应等待下一根 K 线的确认。阳线最好是无低点阳线，若有低点，则应等待下一阳线的确认。组合体高点被突破可坚决买入，止损放在组合体低点位置。

第六节　三 K 线组合实战判断技法

三 K 线组合是 K 线组合中最为重要的组合形式，它对股价未来的运行方向有着较为明确的指向作用。三 K 线组合的表现形式有：双阴返阳、双阳返阴、两阴夹一阳、两阳夹一阴、单阴返双阳、单阳返双阴。

一、双阴返阳组合

该组合即三根 K 线中前两根 K 线是阴线，最后一根是阳 K 线。此种组合市场寓意为多头抵抗性质。它出现在下跌初始阶段往往是下跌中继的表示，如图 10－51 所示。

股理逻辑：图 10－51 中出现过多次双阴返阳组合，但阳线均有新低出现，且股价都没能对组合构架高点形成突破。说明多头只是抵抗，并没上冲反击之意。判断是中继结构还是止跌结构的标准：①阳线与阴线比无低点；②后续阳线高点要比双阴返阳组合高点要高。临盘策略：观望为主，等待突破。

八卦解盘：二阴一阳在卦爻中为艮卦，艮为山，意在定。股价在下跌的过程中出现此组合，往往会出现止跌现象。但能否起动新行情，需要后续出现与之相

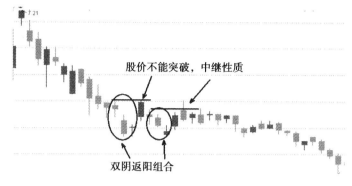

图 10-51

生的强卦象，如坎卦。和山水相依之势。

同样为双阴返阳组合，若出现在下跌波段的末期阶段，则是明确的见底信号，如图 10-52 所示。判断其性质的标准，在于阳线是否有低点出现，若当日阳线与前两阴线相比无低点出现，则止跌意义较大。若阳线与前两阴线相比有低点出现，则中继性质较大。此种组合的出现，能否最终引发股票价格的反转，取决于价格能否对组合体高点的突破。

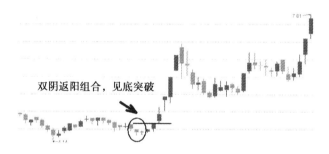

图 10-52

股理逻辑：图 10-52 双阴后出现无低点阳线，说明市场杀跌力量减弱。波段行情发出止跌信号。临盘策略：当日观望，突破即买。

八卦解盘：二阴一阳依从八卦运势看卦爻为艮，艮为山，意在定。预示股价将止跌。但能否起动新行情，需要后续出现与之相生的强卦象，如坎卦。和山水相依之势。

二、双阳返阴组合

该组合即三根 K 线中，前两根 K 线是阳线，后一根 K 线是阴线。此种组合是空头抵抗性质。若股价处于上涨阶段，出现双阳返阴，且阴线不能跌破前面的双阳，则组合性质是上涨中继，后市继续看涨。如图 10-53 所示。

股理逻辑：图 10-53 回调阴线不破阳线低点，双阳返阴组合性质为行情中继性质。上涨阶段阳线不能跌破前面阳线说明空头无力，后市仍可看涨。临盘策

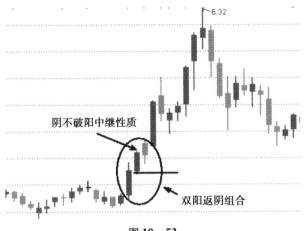

图 10 – 53

略：突破阴线跟进买入。

八卦解盘：二阳一阴组合依卦爻属于兑卦，兑为泽，近于水。水能载舟也能覆舟，意在多空相容。

同样是双阴返阴组合，若双阳返阴组合出现在高位，且其中的阴线跌破前面的双阳，则行情即将发生反转。组合结构性质为滞涨。如图 10 – 54 所示。

股理逻辑：图 10 – 54 双阳返阴组合，阴线无高点，且低点能跌破最后一阳低点，说明行情出现了滞涨现象。上涨行情可能就此结束。临盘策略：适时减仓，跌破组合低点清仓。

图 10 – 54

八卦解盘：二阳一阴组合依卦爻属于兑卦，兑为泽，近于水。水能载舟也能覆舟，意在多空相容。后市需要观察。

三、两阴夹一阳

该组合即两根阴 K 线中间夹一根阳 K 线。此种三线组合属于下跌中继性质。此类组合多出现于行情的中继阶段或顶部阶段。后市股价多以继续看跌为主。如图 10 – 55 所示。

图 10-55

股理逻辑：如图 10-55 所示，在下跌途中出现两阴平一阳组合，后市股价不能超过组合结构高点，意味空头占优。临盘策略：择机卖出。

八卦解盘：二阴夹一阳卦象为坎。坎为水，水往低处流，预示股价将下跌。特别是当跌势初始阶段，其意更为显现。

当行情出现大幅上涨后出现两阴夹一阳组合，则是明显的滞涨信号。如图 10-56 所示。

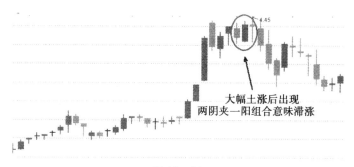

图 10-56

股理逻辑：股价大幅上涨后出现两阴夹一阳（见图 10-56），本身就是一种较为明确的滞涨组合。后市若跌破组合低点，则滞涨信号确立。临盘策略：卖错也要卖。

八卦解盘：图 10-56 二阴夹一阳卦象为坎。坎为水，水往低处流，是自然规律，高处之水下流速度或更快。预示股价将下跌。

但如果行情正处于上升阶段初始的调整阶段，它会具有上涨中继性质。

股理逻辑：股价处于波浪转折阶段（见图 10-57），出现两阴夹一阳组合，此时组合结构呈现阴不破阳，表明空头的下杀力量已经衰竭，后市若股价突破组合结构高点，则行情将向上看涨。临盘策略：股价突破积极跟进。

八卦解盘：二阴夹一阳卦象为坎。坎为水，而水已处于低处，无处可流，或将水漫金山。

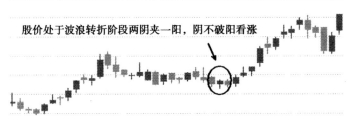

股价处于波浪转折阶段两阴夹一阳，阴不破阳看涨

图 10－57

四、两阳夹一阴

俗称多方炮。它的表现形式有多种形态。它可以出现在任何行情的任一阶段。它的指向性单从 K 线组合上看并不明确，需要得到成交量的配合。若两阳夹一阴的成交量为阳量大于阴量，则后市多看涨。但若阳量小于阴量则往往后市看跌。

如图 10－58 所示，两阳夹一阴，阳线实体大于阴线实体，阳量大于阴量。说明空头无力，后市看涨。

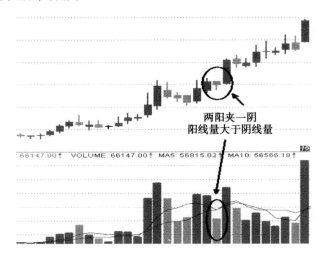

两阳夹一阴
阳线量大于阴线量

图 10－58

股理逻辑：阳线放量表明市场追买意愿较强，回撤缩量反映市场惜售心理。临盘策略：当日收盘前确立强势后跟进。

八卦解盘：二阳夹一阴卦爻为离，离为火。表示阳气盛大。后市应看涨。

五、单阴返双阳

它是阴阳双线组合的延续形式。属于多头强势反击性质。此种组合若出现在股价大幅调整后，则是较明确的底部信号。它要求双阳低点必须抬高，否则组合看涨意义失效。但若此种组合出现在股价大幅上涨之后，则往往预示行情即将结束。

如图 10-59 所示，单阴返双阳出现低位时，股价后市震荡向上，而在高位出现后股价震荡下行。

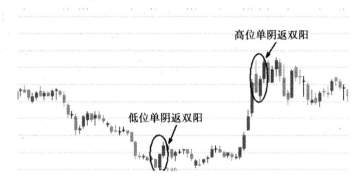

图 10-59

股理逻辑：无为股理认为，位置决定性质。同一组合表现形式，所处位置不同，后市走势完全不同。低位由阴转阳且成交量放大，说明逢低买盘加大。而高位阴转阳放量，则表明高位筹码松动。临盘策略：突破组合体买入，跌破组合体卖出。

八卦解盘：一阴二阳卦爻为巽，巽为风，平地起风，意在扬。而高处起风，意在险。因此，应特别注意组合结构的位置。判断后市走向。

六、单阳返双阴

它是阳阴组合的延续，是一种对空头走势的确立性质。在通常的情况下，出现单阳返双阴组合，预示后市将以震荡下跌为主。但如果该组合形式出现在上涨初期阶段，往往具有上涨中继性质。后市看涨。

如图 10-60 所示，股价在大幅上涨后，出现阳线后连续阴线，构成单阳返双阴组合。表明多头放弃进攻，股价开始下跌行情。

股理逻辑：强势市场中多头理应对空头的反击有所抗击，但股价却连续出现阴线，说明多头已无力再战。临盘策略：跌破高点阳线底清仓。

图 10-60

八卦解盘：一阳二阴卦爻为震，震卦为雷。天上打雷，意在阴气沉重。不宜行事，避之为上。

如图 10-61 所示，股价处于上涨初始阶段，此时，股价刚刚对下降结构形成突破，多头市场尚未完全确立，往往会遇到空头的强势反击。因此，出现单阳返双阴，只是一种提示信号，不能作为买卖信号。后市需要对此信号给予关注，一旦后续的买入与此信号产生共振点，即构成买入条件。

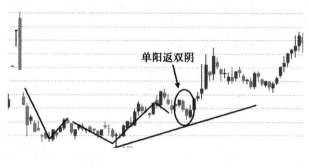

单阳返双阴

图 10-61

股理逻辑：股价初转强，空头余威还在，出现强势抵抗属于正常市场行为，但若空头连续打压无效果，则后市对此位置的突破，成功率会大大提升。临盘策略：暂时观望。

八卦解盘；一阳二阴属于震卦象，震为雷。应以避险为主，等待风吹云散。即巽卦（一阴二阳）出现。则有望化险为夷。

小结：无为股理认为，位置决定性质，任何一种组合形式的性质都具有两重性。三线组合是市场中最常见的一种判断多空转折的技法。但正如《孙子兵法》所说："夫兵形象水，水之形，避高而趋下；兵之形，避实而击虚。水因地而制流，兵因敌而制胜。故兵无常势，水无常形；能因敌变化而取胜者，谓之神。"K线组合的应用在于势，而不在于形。因势而用之，可化腐朽而神奇。反之，则只能是纸上谈兵毫无用处。如三线组合中的多方炮组合，常被称为多头神器。但若不能应势而用，则常会遇到哑炮。因此，学习K线组合要重在对走势的判断上，而非组合的形式上。只有在对大势的正确判断的基础上，结合组合形态的多空转换，才能将K线组合变为炒股的利器。

第十一章　K线与均线的应用

越是简单的，往往就越重要，没有人能够跨越简单而完成复杂的事情。

K线与均线有着密切的关系，K线反映的是当前市场上的交易价格结果，均线则反映过去某一时段市场的平均交易收盘价格。

K线是构成均线的基础，K线的走势决定着均线的走势。均线对于K线有着支撑和压力的作用。K线是母线，均线是子线。由K线可以生出多条均线，即多条子线。

K线是我们在图表中看到的蜡烛线，它由阴阳两种形式表现。而均线是由K线的若干个收盘价之和的平均值构成。当然，也可以由若干个最高价或若干个最低价之和的平均价构成。在通常情况下我们运用的均线都是以若干个收盘价构成。如5日均线（MA5）、10日均线（MA10）、20日均线（MA20）、30日均线（MA30）、60日均线（MA60）、120日均线（MA120）、250日均线（MA250）等。随着人们对市场认知的不同，许多人也会根据自己的理解设置不同周期的均线。但万变不离其宗，均线的性质和作用都没有改变。

均线的这个道理其实很简单，但能够真正理解它却不太容易，而且实战中能够得心应手地运用它就更难了，这需要我们对技术分析有深刻的理解，同时掌握技术分析的本质才行。

目前，平均线学说中最为著名的是"葛兰维八大买卖法则"，葛兰维均线法则在移动平均线理论中，无论是对买卖点的判断，还是作为投资者的进场依据，都是很可靠的。尤其是对于趋势的研判它可以迅速给出有效的判断。

（1）移动平均线从下降逐渐走平且略向上方抬头，而股价从移动平均线下方向上方突破，为买进信号。

（2）股价位于移动平均线之上运行，回档时未跌破移动平均线后又再度上升时为买进时机。

（3）股价位于移动平均线之上运行，回档时跌破移动平均线，但短期移动平均线继续呈上升趋势，此时为买进时机。

（4）股价位于移动平均线以下运行，突然暴跌，距离移动平均线太远，极有可能向移动平均线靠近（物极必反，下跌反弹），此时为买进时机。

（5）股价位于移动平均线之上运行，连续数日大涨，离移动平均线越来越远，说明近期内购买股票者获利丰厚，随时都会产生获利回吐的卖压，应暂时卖出持股。

（6）移动平均线从上升逐渐走平，而股价从移动平均线上方向下跌破移动平均线时说明卖压渐重，应卖出所持股票。

（7）股价位于移动平均线下方运行，反弹时未突破移动平均线，且移动平均线跌势减缓，趋于水平后又出现下跌趋势，此时为卖出时机。

（8）股价反弹后在移动平均线上方徘徊，而移动平均线却继续下跌，宜卖出所持股票。

有关葛兰八大法则的更多和详细的解读，在这里就不做更多解释，读者可自己查阅相关资料。

均线是很简单的东西，但在技术分析中，往往越简单的东西越可靠，因为这些经典的分析方法存在已久，并且在多年的实战中得到了广泛的验证，如果这种方法没用，那么它就不会流传至今。你在运用中如果用错了，那么只能说明你在运用和理解的深度上存在问题。之所以导致错误是因为你并没有真正理解它，更没有真正掌握它。

第一节　均线参数的设置

在讲均线参数之前，让我们先了解下均线。所谓均线，就是把某段时间的股价加以平均，再依据这个平均值作出平均线图像，称为移动平均线。移动平均线能够反映出价格趋势走向，从某种程度上讲它是市场人气的指向。均线向上，反映市场参预热情较高，均线向下，说明市场人气低落。

均线主要用来分析当前价格趋势的方向，强弱状态，及买卖股票的时机。

一是趋势：短期均线上翘，表明股价短期处于上升趋势。同理，中期均线、长期均线出现上翘，则反映股价中长期的走势转强。相反，如果均线走势出现下拐，意味股价开始走弱，转为跌势状态。倘若均线斜率不大，处于横向运行状态，意味市场处于盘整状态。在持续性的长期升势中，一般短期均线在上方，中期均线在中间，长期均线在下方，称为多头排列。在持续性的长期跌势中，一般短期均线在下方，中期均线在中间，长期均线在上方，称为空头排列。

二是均线交叉突破：从均线系统的交叉状态，可以判断股价的强弱变化及未来可能出现的突破性走势。通常将短期均线上穿中期均线或长期均线，被认为是涨势起动，称为金叉，在一般情况下视为买入信号。而当短期均线跌破中期均线或长期均线，则认为是跌势的起始，称为死叉。在通常情况下视为卖出信号。

三是发散形态：发散是指短期、中期、长期均线相互之间距离越来越大，特别是短期均线呈现加速状态，运行斜率加大。若此时股价处于上升阶段，则均线的上翘状态，称为多头发散。多头发散形态意味着短期成本远远高于中期、长期成本，短期获利筹码增多，短期面临套现的压力增大。倘若股价处于下跌阶段，均线的发散则称为空头发散。空头发散形态预示短期成本远远低于中期、长期成本，套现压力减弱，股价将面临反弹。

四是支撑位和阻力位：尽管K线的走势往往决定着均线的方向但均线往往也会对K线起到了支撑位和阻力位的作用。如果当均线处于上涨阶段，K线的回调触及均线并在均线上方收阳，往往预示着K线受到均线支撑，相反，若均线处于下跌走势，K线反弱遇均线不过，意味均线对K线构成压力。说明股价反弹受到均线压制，后市股价下跌的概率较大。

同样，K线若对均线的压制或支撑形成了突破或跌破，预示着均线的运行方向或将发生改变。

均线的基本特性有：

（1）趋势性：市场价格的趋势方向的导向。

（2）稳定性：由于均线是若干时间周期的价格平均值，因此，通常不会因一天的波动产生大幅起落。

（3）滞后性：平均线的走势是由K线决定的，因此，它的表现往往会滞后K线。

（4）助涨助跌性：当K线在均线之上，且均线也同时向上时，均线对K线起到助涨性，当K线处于均线之下，且均线也同时向下时，均线对K线起到助跌性。

（5）依靠性：K线与均线两者间存在相互依靠性质。当K线走势偏离均线过大时，两者必会出现靠拢现象。

（6）支撑性和压力性：当K线处于均线之上时，均线对K线起到支撑作用，均线周期越长支撑性起强。当K线处于均线下方时，均线对K线有着压制作用，均线周期越长，其压制作用越大。

了解了均线的特性，我们再根据均线的特性考虑均线参数的设置。在通常的股票软件中，对于均线都有固定模式的设置，即5日、10日、20日、30日、60日、120日、250日等，对一般投资者而言无须再作特别的改动。可根据自己的习惯选择其中的一根或几根作为均线周期指标使用即可。一般而言，均线设置时间参数越短，均线的波动性越大，参数越大均线的平滑性越好，因此，在均线的使用选择上最好长短兼顾。

当然目前市场上许多投资者会选择自己设置的均线作为买卖参考的依据。

但这里需要指出的是，任何一条均线的设置都不会改变均线的本质，因此不存在神奇均线之说。所谓的神奇均线都是骗人之说。应该讲，任何一条均线，只要你按照均线应用法则去使用，都存在所谓的神奇效果。

在通常情况下我们把5日、10日均线称为短期均线；把20日、30日均线称为中期均线；而将60日、120日定为长期均线。而这也是市场上多数投资者最常用的移动平均线系统参数。在标准的均线组合上应是由一条短期均线、一条中期均线和一条长期均线组合而成。当股价处于上升通道时，日K线位于短期均线的上方、短期均线位于中期均线上方、中期均线位于长期均线之上，这上升排列组合，称为多头排列，具有对 K 线的支撑作用。相反，当 K 线处于短期均线之下，短期均线处于中期均线下方，中期均线又处于长期均线之下，则称为空头排列，对 K 线的上涨构成压制作用。

均线除它们的共性以外，每根均线所表现出来的内容和它们的特质，除了周期区别外，还有不少的不同点。

一、5 日均线的特性

5 日均线，属于超短期操盘的指标。是短线交易的利器。当股价处于下降阶段时，股价偏离（小于）5 日线，一般偏离 10% 左右往往是股价即将见底的信号。而当股价处于上升阶段，若股价偏离（高于）5 日均线 10% 左右，往往预示短线股价即将见顶。

5 日均线向上，意味着短期市场处于强势。当 K 线出现调整，不能带动 5 日均线形成下拐，重新回到 5 日均线之上，是较好的买入时机。

5 日均线向下，意味着短期市场处于弱势，若 K 线反弹不能改变 5 日均线方向，则应逢高卖出。

由此，我们可以看出 5 日均线具有预示市场顶底及提示短线买卖的特性。

二、20 日均线的特性

在均线理论中，有人将 20 日均线划归为短期均线，也有人将其定为中期均线。可见 20 日均线的重要性，它身兼短期均线与中期均线双重作用。

无为均线股理中将 20 日均线归属于中期均线，它相对于 5 日均线，20 日均线除具有买卖提示特性外，较之 5 日均线具有更强的稳定性及趋势方向的引导性。因此，有人称 20 日均线为趋势线。

20 日均线的作用和意义在于能够较真实地反映出股价最为接近的趋势，它的低位拐弯意味着短期内趋势有好转的迹象，股价如果能够即时站稳于上就说明股价未来看涨，否则，就代表趋势纯技术上的空头趋势。

20 日均线另一非常突出的特征是，它既可避免按 5 日均线交易过于频繁、失误过多、交易成本过高的缺点，又可弥补长周期均线过于滞后的不足。20 日均线的趋势研判为上升，代表中短期趋势向上，若均线向下，则意味市场趋势向下。由于 20 日均线具有较强的趋势指引性，因此，当 20 日均线向上时，若 K 线上穿 20 日均线，即是极好的买入时机。相反，当 20 日均线向下时，K 线跌破 20 日均线，则是非常重要的卖出信号。

三、60 日均线的特征

在无为均线股理中，将 60 日均线定性为长期均线性质。在股市中常有人将 60 日均线称为生命线。股价处于 60 日均线之上，则市场价格生命强盛；反之，股价处于 60 日均线下方，则意味市场价格生命处于衰败状态。

60 日均线具有独特的价值：

（1）60 日均线和 MACD 的中轴线一样，具有区分强弱的标志性意义，它几乎和 MACD 的中轴线是等价的。

（2）60 日均线是 3 个月交易价格的平均值，而 3 个月又是一年的 1/4，且 3 这个数字还是人类心理变化的临界点或质变点，"一生二，二生三，三生万物"说的就是这个意思。

（3）在股市中 3 个月属于大资金完成投资布局和承受资金利息代价的基本时间周期。在大的趋势中，60 日或 60 日周均线与趋势价格之间有着较强的规律性运行节奏。并不是任何穿越 60 日均线都叫突破，以 20% 为宜。否则不能轻易视为突破，把它当成一般穿越更好，再予以跟踪观察。60 日均线是很好的买进时机。

（4）辅助技术特征：股价二次穿越 60 日均线；成交量柱突然放量突破 20 日等均量线，均线形成金山谷、银山谷形态；KDJ 金蜘蛛交叉多头格局；MACD 金叉向上。但 60 日均线最为重要的作用在于，对买入后，持股心态的扶持。

第二节 单一均线的作用及应用法则

均线分为短期均线、中期均线、长期均线三种。每一种均线都有着各自的特性和应用法则。投资者只要按照均线的交易法则去进行交易，都会取得较好的效果。

一、短期均线

通常情况下我们使用的 5 日均线、10 日均线都属于短期均线。当然，也有选择 3 日均线和 8 日均线作为短期均线。无为均线股理在均线应用上，短期均线参数一般设为 5 日均线（MA5）。

短期均线应用法则：

（1）均线趋势向上，K 线上穿短期均线，构成买入。

（2）均线走势向下，K 线跌破短期均线，构成卖出。

（3）均线波浪为上涨波浪性质，K 线上穿短期均线，构成买入。

（4）均线波浪为下跌波浪性质，K 线跌破短期均线，构成卖出。

（5）短期均线向上，K 线在短期均线之上持股待涨。

（一）案例分析一

如图 11-1 所示，均线（MA5）向上运行，股价由均线下方上穿到均线上方，并站稳在均线之上以阳线收盘，构成买入条件。

股理逻辑：均线上行，说明尽管股价出现下跌，但短期市场仍处于多头占优势，股价由均线下方重回均线之上，表明空头无力。后市股价有望依托均线继续看涨。临盘策略：收盘前跟进。

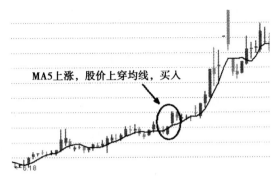

图 11 - 1

（二）案例分析二

如图 11 - 2 所示，均线的运行波浪呈现出上涨波浪性质，此时，K 线由均线下方上穿站在均线之上，并以阳线收盘，表明多头强势，后继看涨，构成买入条件。

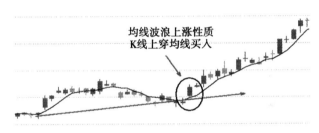

图 11 - 2

股理逻辑：均线随 K 线回调，但未走出新的波段新低，表明整体向上的格局并没改变。此时均线向上，K 线随后上穿均线，说明短线股价再次转强。临盘策略：积极跟进。

（三）案例分析三

如图 11 - 3 所示，均线已出现了向下运行的状况，此时，K 线处于均线之上。但随后 K 线出现了向下跌破均线的走势，表明多头已彻底放弃了抵抗，后市股价看跌。临盘策略：及时卖出。

股理逻辑：均线先于股价出现下行，说明短线的空头已占据了优势，此时，K 线虽然仍处于均线上方，但多为最后的抵抗。K 线跌破均线表明多头放弃了抵抗，市场转为空头市场。临盘策略：及时卖出。

（四）案例分析四

如图 11 - 4 所示，均线所形成波浪已构成了下跌波浪性质，此时若 K 线跌破了均线，则构成了卖出条件，应果断卖出。

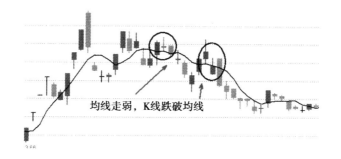

均线走弱，K线跌破均线

图 11 - 3

均线波浪下跌性质
股价跌破均线卖出

图 11 - 4

股理逻辑：均线构成下跌波浪性质，说明市场早已由空头主导，此时股价或出现短暂的反弹，重回均线之上，但若再次跌破均线意味反弹结束，应及时卖出。临盘策略：争取第一时间卖出。

（五）案例分析五

短期均线 MA5 向上运行，股价处于均线 MA5 之上，说明短线市场处于强势，此时，K 线尽管有时会收于阴线，但不改变均线方向，则仍可持股。如图 11 -5 所示。

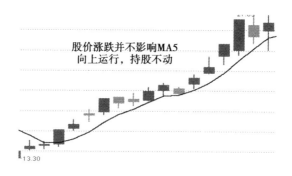

股价涨跌并不影响MA5
向上运行，持股不动

图 11 - 5

股理逻辑：股价的震荡不能改变均线向上运行的方向，说明市场依旧处于多头主导市场。临盘策略：耐心持股。

二、中期均线

市场上通常将20日均线、30日均线定为中期均线。中期均线的主要作用是判断股价运行的中期趋势方向，比较适合于稳健的中长波段交易使用。无为均线股理将中期均线参数设定为21天。理由是平均每月交易日在21天左右。

中期均线交易法则：

（1）当中期均线向上时，股价由中期均线下方上穿中期均线，收阳线构成买入条件。

（2）中期均线出现回调时，若回调不出现均线波段新低，再次拐头向上后，K线上穿均线收阳，构成买入条件。

（3）中期均线出现回调，并走出均线波浪新低，此后出现K线上穿均线，构成卖出条件。

（4）中期均线向上，股价处于均线之上构成持股条件。

（一）案例分析一

如图11-6所示，中期均线（MA21）向上运行，此时K线由均线下方上穿到均线上方，收阳线。意味短线股价调整结束，后市继续看涨。

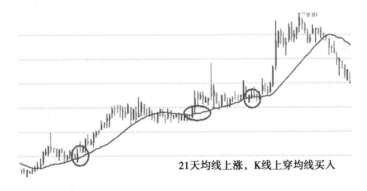

21天均线上涨，K线上穿均线买入

图 11 - 6

股理逻辑：股价短线调整虽然跌破中期均线，但并没能带动均线向下运行。依据均线对K线有牵制作用的原理，K线重回中期均线之上，符合小周期服从大周期股理。后市看涨。临盘策略：积极买入。

（二）案例分析二

如图11-7所示，股价上涨途中出现回调走势，一度带到中期均线也出现回调走势。但中期均线回调并没走出均线波浪新低。再次拐头向上。此时K线上穿中期均线构成买入条件。

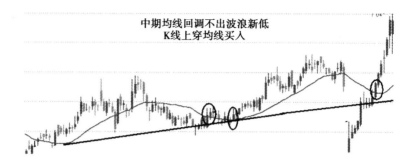

图 11 - 7

股理逻辑：股价调整，均线依然能保持上涨波浪性质，说明中期趋势依然向上。K 线重回中期均线上方表明短线周期走强。临盘策略：跟进买入。

（三）案例分析三

股价由中期均线上方跌破中期均线，意味短线股价出现向弱走势，依据小周期对大周期有引领作用的股理。应先行卖出股票。如图 11 - 8 所示。

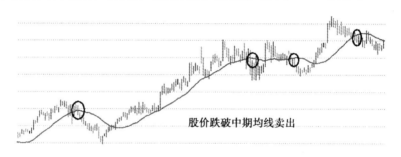

图 11 - 8

股理逻辑：K 线跌破中期均线，意味短期均线已出现弱化。而短周期均线对大周期均线有引领作用，往往会带动大周期均线随之走弱。因此，先卖出，以防风险。临盘策略：落袋为安。

（四）案例分析四

中期均线已出现向下运行状况，此时，应以卖出股票为主。特别是股价跌破中期均线时更应第一时间卖出。如图 11 - 9 所示。

股理逻辑：中期均线出现弱化意味着股价已进入中期调整阶段。股价的每次反弹都应是卖出的时机，而 K 线反弹后再次跌破中期均线，则意味反弹结束。临盘策略：及早卖出。赔钱也要卖。

（五）案例分析五

股价始终处于中期均线之上，期间虽然有震荡反复，并没引发中期均线向上的走势。此时，应耐心持股为主。如图 11 - 10 所示。

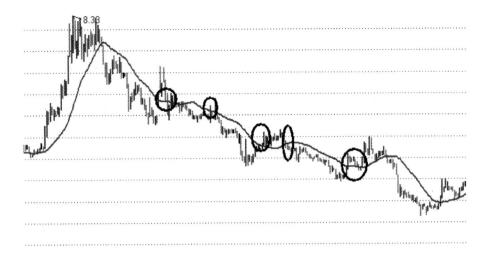

图 11 – 9

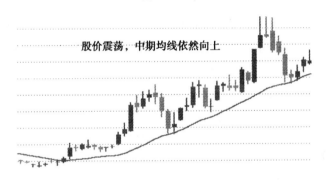

股价震荡，中期均线依然向上

图 11 – 10

股理逻辑：中期均线保持向上，说明股价震荡向上的格局没有改变。后市应继续看涨。临盘策略：静心观望。

三、长期均线

一般我们将 60 日均线、120 日均线、250 日均线定性为长期均线。长期均线的特点是，均线运行较为平滑稳定，对股价运行的大方向较为确定。均线方向一经确定，一般不会在短期内轻易改变。比较适用于趋势交易者。它的缺点是，就交易时机上往往会比较有所延迟，错过最佳买卖时机。

长期均线应用法则：

（1）当长期均线处于上涨阶段时，短期均线或中期均线上穿长期均线时股价收阳，构成买入条件。

（2）当长期均线处于上涨阶段，K 线上穿长期均线构成买入条件。

（3）短期均线或中期均线跌破长期均线，构成卖出条件。

（4）K 线跌破长期均线构成卖出条件。

（一）案例分析一

如图 11 -11 所示，图中红色均线为 60 日均线，当 60 日均线处于上涨阶段时，股价由均线下方上穿到均线上方，并以阳线收盘。意味短线股价调整结束，重回长期向上的趋势轨迹，后市看涨。

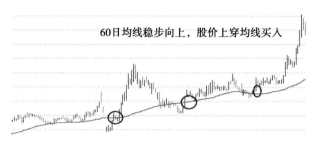

60日均线稳步向上，股价上穿均线买入

图 11 -11

股理逻辑：长期均线向上，表明股价的大的运行方向是向上的。股价短线调整跌破长期均线，但并没改变长期均线的方向。再次回到长期均线之上，说明短线的调整结束。临盘策略：积极跟进。

（二）案例分析二

如图 11 -12 所示，图中红色均线为 120 日均线，当均线处于上涨阶段时，股价由均线下方上穿到均线上方，并以阳线收盘。意味短线股价调整结束，后市看涨。

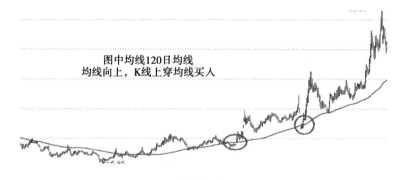

图中均线120日均线
均线向上，K线上穿均线买入

图 11 -12

股理逻辑：长期均线向上，表明股价的大的运行方向是向上的。股价短线调整跌破长期均线，但并没改变长期均线的方向。再次回到长期均线之上，说明短线的调整结束。临盘策略：积极跟进。

（三）案例分析三

短期均线 MA5 上穿长期均线 MA60，此时长期均线处于上涨阶段。短期均线上穿长期均线表明，短线股价的调整结束，重拾升势。如图 11 – 13 所示。

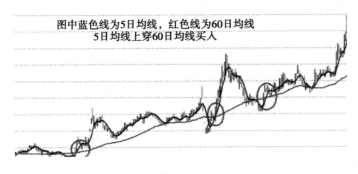

图中蓝色线为5日均线，红色线为60日均线
5日均线上穿60日均线买入

图 11 –13

股理逻辑：MA60 向上，说明股价的长期趋势是看涨，股价短线调整后重新站上 MA60 均线，表明股价的短线调整结束，依据小趋势服从大趋势的法则，后市看涨。临盘策略：积极跟进。

（四）案例分析四

短期均线若跌破长期均线，意味市场短期内由多头市场转变空头市场，股价短期将出现调整。此时，应及早卖出手中股票。如图 11 – 14 所示。

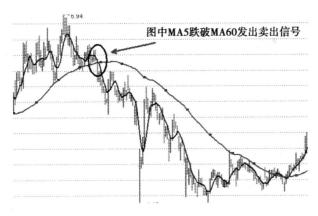

图中MA5跌破MA60发出卖出信号

图 11 –14

股理逻辑：K 线的调整已带动短期均线走弱，说明短线的空头力量较强。短期均线能跌破长期均线的支撑，表明短线趋势已出现弱化。依据小趋势往往会引领大趋势的法则，应先以规避风险为主。临盘策略：先行卖出，卖错也有卖。

（五）案例分析五

长期均线处于下降阶段，此时股价向上反弹。K 线上穿长期均线之上，但由于长期均线处于向下阶段，表明股价大的运行方向尚未改变。因此，不是买入时机；相反，要择机卖出股票。如图 11 – 15 所示。

蓝色线为MA5，红色线为MA60
MA60处于下降阶段，MA5上穿MA60不是买入点

图 11 – 15

股理逻辑：首先均线法则告诉我们，小趋势服从大趋势。当小趋势的走向不能引领大趋势改变方向时，股价的大运行方向不因反弹而改变。临盘策略：观察反弹力度，滞涨信号出现，立即卖出。

第三节　双均线的应用法则

双均线是指一条短期均线和一条中期均线或长期均线的组合。通过两条均线的相互印证判断股价的未来走势。双均线应用与单一均线的应用相比，其最大的优势在于，可以将短期与中长期价格的走势相结合，达到更为准确地判断交易的方向。无为股理认为，均线是市场供需关系的体现，它并不是市场的平均成本，均线的走势反映着市场供需关系的变化。短期均线与中长期均线相结合，更能反映出短期市场与中长期市场的价格波动的真实意义。

一、双均线的交易信号

当中长期均线向上运行时，短期均线与中长均线形成向上的金叉构成买入信号。当中长期均线处于下跌时，短期均线与中长期均线形成向下的死叉构成卖出信号。

二、均线金叉与均线死叉的性质

均线金叉的三种表现形式及性质：

（1）追逐性质金叉：它的表现形式为，中长期均线上行，短期均线由下向上与中长期均线形成金叉，均线金叉属于追逐性质，是较强的买入信号。

（2）等候性质金叉：中长期均线走平，短期均线由下向上与中长期均线形成金叉，由于中长期均线处于近似水平运行，似是在等待短期均线，因此金叉属于等待性质，是次级买入信号。

（3）相遇性质金叉：中长期均线向下运行，短期均线由下向上与中长期均线相遇形成金叉，属于相遇性质，金叉信号带有不确定性。是次级卖出信号。

均线死叉的表现形式及性质：

（1）追逐性死叉：中长均线向下运行，短期均线由上向下跌破中长期均线，形成死叉，属于加速下跌性质，是较强的卖出信号。

（2）未知性死叉：中长期均线走平，短期均线由上向下跌破中长期均线形成死叉，由于此时中长期均线处于走平状态，短期均线能否带动中长期均线走弱，尚存在未知性。是次级卖出信号。

（3）相遇性死叉：中长期均线向上，短期均线由上向下跌破中长期均线，依据均线关系法则，未来股价走势存在不确定性。是减持或观望信号。

三、双均线应用于法则

（1）短均线服从于长均线，短均线引领长均线。

（2）长均线向上，短均线上穿长均线构成买入条件。

（3）长均线向下，短均线上穿长均线应择机卖出。

（4）短均线与长均线同时向上可择机买入或持股。

（5）短均线跌破长均线构成卖出条件。

（6）长均线向上，短均线回调遇长均线拐头向上构成买入条件。

四、案例分析一

如图 11 - 16 所示，5 日均线上穿 20 日均线，此时若 20 日均线向上，则构成较强的买入信号。

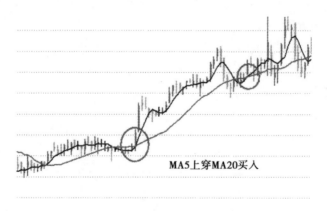

MA5上穿MA20买入

图 11 - 16

股理逻辑：中长期均线向上，说明股价大的运行趋势是向上的，短线的调整，只是市场短期波动行为。短期均线上穿中长均线表明股价震荡向上的趋势并没有改变。临盘策略：积极跟进。

五、案例分析二

图中显示 20 日均线向下运行，此时，5 日均线出现上穿 20 日均线的现象。通常短均线上穿长均线视为买入信号，但由于长均线处于下降中意味股价大的运行方向是下跌，应择机卖出。如图 11 - 17 所示。

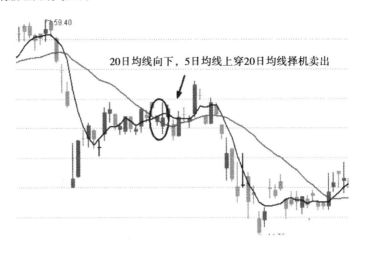

图 11 – 17

股理逻辑：长期均线处于下跌状态，表明股价大的运行方向是下降。股价的短线反弹可能会出现短期均线上穿长期均线的现象，但依据小趋势服从大趋势的法则，此时，应注意观察而不是买入。临盘策略：择机卖出。

六、案例分析三

如图 11 – 18 所示，图中红色均线为 20 日均线正处于向上运行中，蓝色的 5 日均线冲高回落到 20 日均线附近之上，再次拐头向上。此意味着短线的调整结束，股价将重拾升势。K 线上穿 5 日均线时买入。

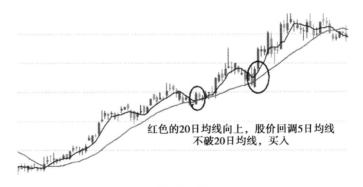

图 11 – 18

股理逻辑：股价回调不破 20 日均线，说明长期均线对股价形成支撑。5 日均线拐头向上，表明短线的调整结束，K 线上穿 5 日均线是多头反击的信号。临盘策略：积极跟进。

七、案例分析四

如图 11 – 19 所示。蓝色的 5 日均线出现的调整，带动了红色的 20 日均线也出现下跌走势，应卖出股票。

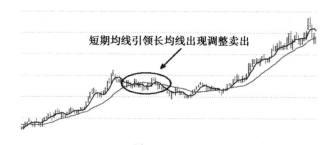

图 11 – 19

股理逻辑：短期均线的调整能将长期均线的运行方向改变，说明短线的做空力量较强，依据小趋势能引领大趋势的法则，以卖出规避风险为主。临盘策略：卖出为先，卖错也要卖。

第四节　多条均线的组合应用

多条均线的组合是指由三条以上均线组合为一体。多条均线组合通常由 5 日均线、20 日均线、60 日均线组合；或由 10 日均线、30 日均线、60 日均线等多种组合方式，但组合的原则是短期、中期、长期三个不同时期的组合。

多均线组合的表现形式有：多头排列形、多头发散形、均线黏合形、空头排列形、空头发散形。

一、多头排列形

即由短期、中期、长期的均线组合呈现出短期均线上穿中期均线之上，中期均线上穿长期均线之上，且长期均线同时向上运行。称为多头排列形。多头排列形，表示市场多头强势。在多头排列初期，交易策略上以积极做多为主。但当均线由多头排列演化为多头发散形，即均线已呈现蒲扇形展开，则意味着多头行情已临近尾声，交易策略上应以择机卖出为主。如图 11 – 20 所示。

股理逻辑：当短期均线上穿中期均线并带动中期均线上穿长期均线形成多头排列意味股价的强势已得到确立，后市可积极看涨。临盘策略：择机买入，持股待涨。

二、多头发散形

即随着股价的上涨，均线系统由多头排列逐渐形成均线的多头发散形。均线发散是指短期均线与中期均线，中期均线与长期均线之间的乖离率都大于 10%，此时意味着市场已进入到超买区间，股价随时都有回调的可能。如图 11 – 21 所示。

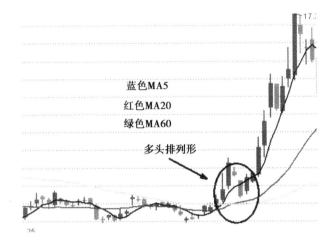

蓝色MA5
红色MA20
绿色MA60

多头排列形

图 11 – 20

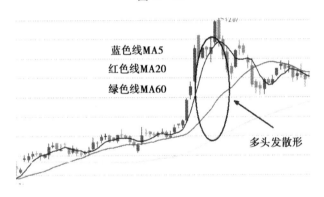

蓝色线MA5
红色线MA20
绿色线MA60

多头发散形

图 11 – 21

股理逻辑：股价震荡上涨，均线系统由多头排列形转变为多头发散形。意味着市场已进入超买状态，股价随时都有可能出现回调。临盘策略：一旦出现滞涨信号，即刻卖出。

三、均线黏合形

均线黏合是指短期、中期、长期三条均线之间差值小于0.5%，出现这一状况说明市场平均持股成本趋于一致。未来市场即将发生方向性选择。均线黏合若处于股价大幅调整后的低位，则向上的突破非常大，且一旦形成向上突破，往往后期涨幅也会相当大。如图 11 – 22 所示。但如在高位出现黏合状态，形成向下破位，破幅也会较大。如图 11 – 23 所示。

股理逻辑：股价经过长期调整，市场的活跃度持续处于低迷状态，致使均线系统在低位出现黏合状态。此时若股价能够突破黏合区域，则意味市场的活跃度再度提升。新一轮行情或将就此展开。临盘策略：股价突破，积极跟进。

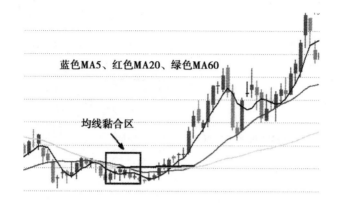

图 11 – 22

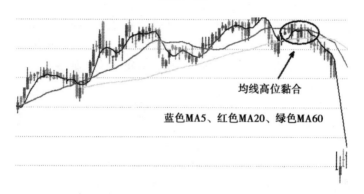

图 11 – 23

股理逻辑：如图 11 – 23 所示，股价在高位出现均线黏合，说明市场已出现滞涨现象。均线黏合说明多空都保持谨慎观望的态度。此时，一旦出现向下破位，则表明多空力量对比发生变化。临盘策略：卖出再说，卖错也要卖。

四、空头排列形

空头排列是指均线系统短期均线、中期均线和长期均线形成依次向下的排列组合。即短期均线处于最下方，中期均线次之，长期均线处于最上方。均线空头排列是一种多头转势的初始阶段，后市场往往股价会出现较大的下跌。如图 11 – 24 所示，操作上应及早卖出手中股票。

股理逻辑：股价下跌初始阶段，往往均线的走势往往存在背向关系，即短期均线向下，而中期或长期均线仍处于向上。此时股价的调整或可以受到均线的支撑而反复，即市场的多头尚存侥幸心理。随着均线系统出现空头排列，市场已完全确立了空头地位。临盘策略：果断清仓。

五、空头发散形

空头发散形属于极致空头形态。它意味着短线市场出现了空头的快速打压，

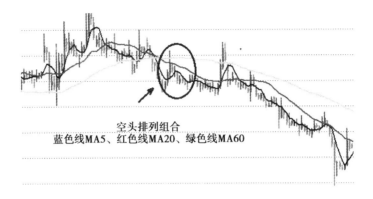

图 11 – 24

使短期均线的下跌速率明显加快。这往往是股价赶底的表述，意味市场的下跌行情已临近尾声。此时，如出现以下情况则预示下跌行情结束，可积极参预抄底。

（1）K线上穿短线均线：短期均线上拐，尝试买入。如图 11 – 25 所示。

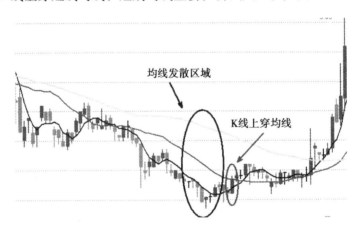

图 11 – 25

股理逻辑：均线出现空头发散形态是空头短线极致打压的结果，但也预示空头的力量已消耗殆尽。而随后出现短期均线上拐头，意味股价的底已初步探明，K线短线震荡后，不改变短期均线向上的方向，再次上穿短期均线，是起动信号。临盘策略：尝试买入。

（2）MA5 上穿 MA20：均线形成空头发散后，短期均线拐头向上与中期均线形成金叉，意味短线多头已确立优势地位。但由于此时中期均线与长期均线多为下降走势，股价上涨的空间尚未确立被打开。因此，可在控制总持仓量的前提下，适当买入。如图 11 – 26 所示。

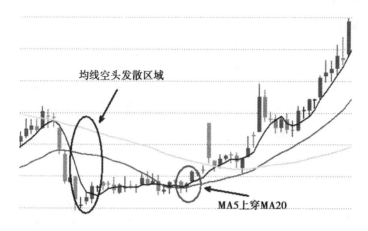

图 11 – 26

　　股理逻辑：均线系统经过空头发散形逐渐向黏合形转变，说明股价已开始走出反转之势。但就市场整体而言依然处于下跌后的修复阶段。因此，金叉的买入信号依然属于弱势买入信号。临盘策略：适当跟进，跌破买入信号止损。

　　（3）MA20 上穿 MA60：股价经过空头发散后，形成 20 日均线上穿 60 日均线，即可以确立空多逆转，后市看涨。如图 11 – 27 所示。

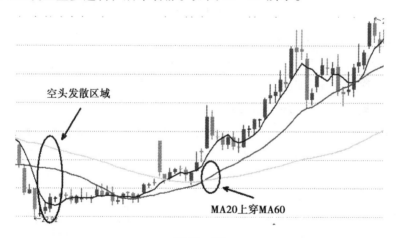

图 11 – 27

　　股理逻辑：短期均线能带动中期均线向上，说明市场已进入多头市场。MA20 上穿 MA60 意味着市场的中长期走势开始向好。临盘策略：积极跟进。

第五节　均线形态的应用

　　讲到技术形态，常会让人想起 K 线形态，如三角形态、收敛形态、楔形、双底形态、双顶形态等等。但很少有人提到均线形态。原因在于均线形态常常为 K

线形态所淹没，不易被察觉。但事实上均线形态是一个非常重要的技术形态，它交易信号往往比 K 线形态交易信号更准确。

均线的技术形态有许多种如均线三角形态、银山谷形态、金山谷形态、死亡谷形态等等。在此不一一介绍。只与朋友们分享一下笔者认为最简单实用的几种均线形态：均线越脚形态、均线穿头形态、均线破头形态、均线破脚形态。

一、短期均线 （MA5）越脚形态

即股价处于下跌阶段，此时，股价出现反弹，K 线带动短期均线穿越前下跌阶段最后一波均线的谷底，称为越脚形态。短期均线能穿越前调整波浪的底，表明短期市场已显露出走强信号。如图 11－28 所示。

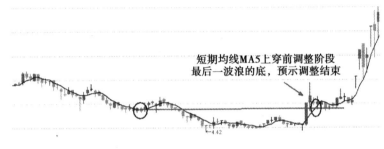

图 11－28

股理逻辑：股价在经过几波波浪下跌后，K 线能引领均线突破调整波浪的脚，说明短期股价已开始转强。后市股价回撤一般不会再出现新的波浪低点。临盘策略：激进者可先行跟进，稳健者可等待回撤买入信号的出现。

二、中期均线 （MA20）越脚形态

即 20 日均线在 K 线及 5 日均线的带动下上穿调整阶段 MA20 的波浪低点位。意味中期趋势向上已成定局，择机买入，如图 11－29 所示。

图 11－29

股理逻辑：短期均线能带动中期均线上涨，本身就意味着市场已被多头掌控。中期均线能突破前期调整波浪底，表明市场的中期走向已发生转变。临盘策

略：积极跟进。

三、短期均线（MA5）穿头形态

即均线 MA5 由此前的下跌走势，转为上升走势后，能上穿前期均线的头，称为均线穿头形态。如图 11－30 所示。均线 MA5 能上穿前期均线 MA5 的波浪头，说明股价有望延续上涨波浪的走势，特别是对第一上涨波浪头的突破，其后市的上涨概率非常大。

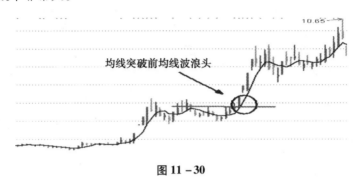

图 11－30

股理逻辑：通常情况下当均线突破前期均线波浪的头部时，股价往往已处在上涨阶段。K 线能带动均线突破前头部，表明市场的多头力量十分强劲。后市股价继续上涨应是大概率之事。临盘策略：择机积极买入。

四、均线破头形态

该形态是指股价在经过上涨后出现回调走势，K 线能带动均线跌破前期均线的波浪头，称为均线破头形态。如图 11－31 所示。均线跌破前头部是股价走弱的警示信号。

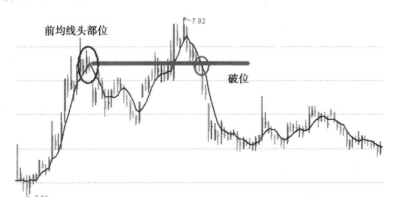

图 11－31

股理逻辑：无为股理认为，股价的回调是正常的市场行为，但良好的调整走势不应触及前期波浪的头。特别是对均线波浪头的跌破。原因在于均线的转折位往往是多空攻防的"分水岭"。一旦失守则意味行情逆转。临盘策略：及早卖出。

五、均线破脚形态

该形态是指股价出现回调走势，再次上冲没有新的波浪高点出现，K 线带动均线再次回落，并跌破前期反弹位的底，即称为均线破脚形态。如图 11 - 32 所示。

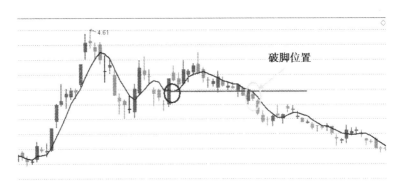

破脚位置

图 11 - 32

股理逻辑：股价回调后再次上涨无新高已表明多头无力。K 线再次带动均线跌破前波浪底，确立后市将走下降趋势。临盘策略：第一时间卖出股票。

小结：K 线与移动平均线之间整体上而言，是引领与限制的关系。K 线的走势永远领先于均线。均线的走势会对 K 线的走势产生限制作用。K 线偏离均线时，K 线会向均线靠拢。均线的应用应重在于短、中、长均线的组合。尽管每一条均线都有着各自的作用，但只有均线的组合才能将均线的作用发挥到极致。短期均线在长期均线之上，就是多头势；短期均线在长期均线之下，就是空头势。

使用一根均线也可以，但会受尽震荡的折磨，最终还是要加上其他条件进行过滤，不如多根均线简单可靠。这就是趋势的组合，即小趋势与大趋势的组合。小周期均线服从于大周期均线，同时，小周期均线也会引领大周期均线。所谓操作上要长做短，就是依据这个原理。

均线本身就是价格趋势的载体，因此，均线的运行方向就是价格的运行方向，一旦均线方向出现了改变，你的交易方向也应随之改变。

第十二章　如何选择具有上涨潜力的股票

"兵者，国之大事，死生之地，存亡之道，不可不察也"。

——孙子兵法

在前面的章节中，我们从理论上探讨了股票上涨的逻辑关系。但如何才能在几千家上市公司中选择出即将上涨，或具有未来上涨潜力的个股呢？这是摆在每一位投资者面前最为现实的问题。目前市场中存在着两大主流体系：一是以基本面为主导的价值投资体系为代表的估值选股；二是以技术分析为主导的技术选股体系。

第一节　选股的基本要素

选股的四大基本要素为：量、势、时、技。

量：成交量必须有所放大。资金是股价上涨的直接推动力，没有资金关注的股票是不会上涨的。

势：趋势决定钱途，趋势方向决定股价的运行方向。

时：买股重在时，只有处于转折时的股票，才是最佳的交易时机。

技：技术形态及信号反映市场行为，没有交易信号的股票，是交易失败的根源。

一、估值选股

通过对上市公司基本经营状况的分析，以及相关政策的分析，判断未来上市公司的发展潜力，与当前股价的对应关系，从而推断股票的价值是否体现了公司的实际价值，最终做出买卖的抉择。它主要通过以下几方面对公司的基本面进行评估：

（1）看主业：看主业是否突出，主业利润是否有足够的发展空间。所需要衡量的是主业产业链之间的相关性，如上下游关系，共享市场、技术、服务等资源；利润空间除了要看主业的毛利润空间，还要看净利润空间有多大。要特别关注公司的主营业务构成和主营业务的利润率情况。

（2）看盈利：对于投资者而言，买股票就是买未来。公司盈利能力变化，直接反映出公司未来发展的潜力。通常来说，当公司的盈利能力不断提升时，说明公司未来的发展潜能较大。但如果公司的盈利指标出现下降，往往是公司中长期经营转向劣势的标志。当然，对于公司盈利能力有变化还需要从更多层面上详细了解，才能做出正确的判断，这需要投资者具有一定的相关知识。例如通过对公司利润构成、净利润率及经营现金流的情况来判断公司盈利的质量高低。每股收益是层层包装后的产物，要想识别真面目就必须分析每股收益里所包含的内容。市盈率具有比价效应，可以通过不同公司的市盈率的比较，判断出哪些公司具有相对的投资价值。如果整个行业内普遍出现盈利能力上升，往往是一波行业大行情的预兆。

（3）看规模：看公司的收入规模、利润规模。看公司是否有能力做大做强，看公司是否有足够的拓展空间。公司规模的大与强，直接反映出其在行业中的地位。通过看规模往往能够发掘出行业的龙头。

（4）看负债：负债是指公司对外的欠款，欠款对象包括银行、供应商。分析企业的负债重点关注两个方面：第一，企业负债程度，一般30%～60%为较合理的负债度。第二，企业的预收账款变化情况，预收款是一种企业负债，将来要用产品或服务归还。但反之，如果预收款大幅上升，说明企业产品销路转好，客户需预付才能提货，从另一个角度说明公司经营改善。负债投资，举债发展是一把"双刃剑"。借鸡生蛋运作得好，事半功倍。反之，可能加倍风险。

（5）看投资：投资主要分长期投资和短期投资。看投资要从投资收益及投资结构两方面着手。主要关注利润构成中投资收益所占比例，长期投资、短期投资的构成比例。

二、技术选股

即通过技术分析，判断股价的未来趋势方向，做出买卖的抉择。技术指标选股的优点是能更精准地把握短线的起动位，适合短线的买卖操作。缺点是操作较频繁，往往会因股价震荡而错失大行情。

（1）技术指标选股：通过各类技术指标所给出的买入信号买入股票。如MACD、KDJ、RSI、MA、BOLL等。

（2）趋势选股：顺应股价运行的趋势波浪进行选股。当股价的波浪性质属于上涨性质时，K线组合或指标发出买入信号，即择机买入。

（3）技术形态选股：通过对股价运行过程中所构成的特定形态的突破，选择买入时机。如双底形态、三角收敛形态、圆弧形态、头肩形态、楔形、旗形等等。

（4）成交量和换手率选股：成交量和换手率往往反映出市场的活跃程度。当市场的成交量和换手率由较低水平出现转变时往往是行情起动的前兆。

（5）控盘程度选股：主力控盘程度反映出市场主流资金的介入程度，主力资金介入越深往往对后市股价的上涨潜力就越大。主力控盘可从三个角度分析：第一，高度控盘；第二，中度控盘；第三，低度控盘。高控盘按传统理解就是庄股，有基本面的高控盘往往也是每轮行情的发动者；中度控盘的公司，往往是行情的第二冲击波；低度控盘则是目前尚未得到主流资金认可的个股。看控盘要关注股东的人数，人均持股的数量，以及基金持股和十大股东的情况。

三、技术选股原则

（1）选择底部放量股。

（2）要选筹码集中、洗盘彻底的股。

（3）逆势选股，转势买股。

（4）只选强势股，买势不买底。

（5）选择上升趋势有技术买入信号的股。

（6）选择空头排列转换为黏合状态的股。

（7）选择上涨波浪性质的股。

（8）选择有底部涨停的股。

四、如何选择强势板块

强势板块是指大盘上涨时涨幅超过大盘的板块，而大盘下跌时跌幅小于大盘的板块。阶段性强势板块是指在某一时期内走势持续强势的板块。通过对板块强弱的解析，交易者可以感知某一阶段内最活跃的板块是哪一个。

强势板块的特点：大盘下跌阶段逆市上涨或强势横盘的板块。具体表现为，大盘下跌阶段，该板块上涨或横盘不动，其中个股逆势上涨。但需要注意，在整体弱势行情下，强势板块的持续性往往较弱。

确立强势板块的途径：

（1）通过前一日板块指数涨跌幅排行，确立涨幅靠前的行业性或概念性板块。

（2）通过前一日市场资金流向跟踪最近主力资金关注的板块。

（3）根据当日开盘前的突发信息，确立当日的受益板块。

第二节　短线选股技法

（1）放量创新高，回抽无量的个股：个股股价中长阳线放量创波段新高后，无量回抽 5 日均线再次反身向上时买入。

（2）首选短期热点龙头：在热门板块中挑选首先放量起动的个股，最好参与走势最强的龙头股，不参与补涨或跟风的个股。

（3）均线转多的个股：均线由空头排列转换为黏合后放量上涨的个股。

（4）金三角形态的个股：均线多头排列的二次价托即形成金三角。

（5）趋势转强的个股：周线 MACD 指标形成金叉，并且在日 MACD 轴线上出现红柱。

（6）周 KDJ 形成金叉：周 KDJ 指标形成金叉时，日 KDJ >60 以上但 <90，则必然爆涨。

（7）金蛤蟆形态个股：股价连续在 60 日均线附近放量起动，如图 12 - 1 所示。

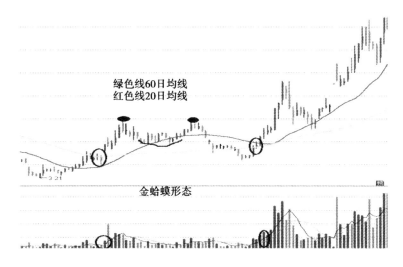

图 12 - 1

（8）银蛤蟆形态个股：股价连线在 20 日均线附近放量起动，如图 12 - 2 所示。

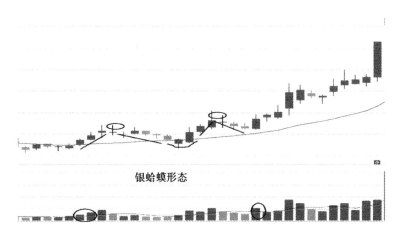

图 12 - 2

（9）均线上穿的个股：波浪性质由下跌转换为上涨波浪性质，MA5 上穿 MA20。

（10）空头发散反转个股：均线 MA5、MA20、MA60 呈现空头发散状态。K

线反身上穿 MA5，且带动 MA5 形成向上拐头。

（11）周线上四线花开：周 K 线的 3 日、10 日、20 日、30 日三线开花；周量线的 3 日、10 日、20 日、30 日开花；周 KDJ 金叉向上开花最好在 50 以上；周 MACD，DIFF 向上金叉 MACD 快穿 0 轴，而且出现放大的红柱线。

第三节　短线交易策略

（1）攻击临界点：股放量攻击技术形态颈线位时，在攻击量能有效放大，但突破颈线位还在 3% 幅度以下时，是短线的绝佳买点。

（2）堆量上行节节高：股价在上升途中，当它的成交量无法连续放大时，会通过在一个小的价格区间，必须出现连续的量能堆积，且量能的堆积达到超过前高点的最大量，形成量减力不减的持续性上升通道，且股价并正好受到 MA20、MA60 日均线系统的有力支撑。

（3）平地惊雷：个股经过连续下跌调整后，出现涨停或 8% 左右的反弹或是反转的第一根阳线，后市往往还有 10% 以上的上涨空间，第一根反弹阳线左右就是短线的绝佳进仓点。买入后以不跌破此阳线为准持股待涨。

（4）放量滞涨阳：当个股连续上攻后，只收出放量滞涨小阳线，这是多头上攻受阻的表现。后市往往会出现缩量蓄势整理。但这并不意味着上涨行情结束，特别是当股价处于第一上涨波段后。股价在经过短线整理后还会有一波继续上攻创新高的机会。再次放量突破是短线绝佳进仓点。

（5）轻舟越过万重山：个股从一个阶段性低点起涨，在累积涨幅不大的情况下，以 3% 以下的换手率有效突破并站稳年线后，再次回撤年线的位置是中线的绝佳进仓点。

（6）空头强弩之末：股股价与均线 MA5、MA20、MA60 形成空头排列状态，均线负乖离达到 -10% 以上，K 线上穿 MA5 是较好的反弹介入时机。

（7）空头承接覆盖：股价在均线反压下出现快速下跌，随着股价成交量由缩小转为逐渐放大。当出现了一根缩量阳线盖过下跌的最后一根阴线，缩量阳线的最高点附近是短线的绝佳进仓点。

（8）黄金买点：个股在经过大幅上涨后，出现回调走势，股价在 MA20 或 MA60 线附近出现阴阳反身结构组合，是极好的黄金买入时机。

（9）首攻受阻线：股价在经过调整后，出现放量长阳上冲，但次日出现放量滞涨线，此为空头抵抗行为，后市股价往往仍会继续向上冲击。再次形成突破是较好的追涨买入时机。

（10）第一形态突破：股价经过长期下跌后，出现大幅度反弹，一举突破调整波浪的最后一波浪的高点。再次出现回调整理，此时所形成的整理形态称为第一整理形态。后市对此形态形成突破，是极好的买入时机。

第四节 短线操作六大要素

资本市场的多空博弈的激烈程度无异于战场上生死的较量，保全实力选准时机集中兵力重拳出击，方能赢得战机。利润最大化永远是投资者参与市场博弈最高目标，要想实现目标，波段操作往往是重要的途径，实际操作过程中务必牢记"六大要素"。

一、成交量反映市场的一切行为

股市说到底是资本市场，资本市场的话语权永远由资金量掌控。股价的涨跌尽管由多种因素促成，但最根本的推动力在资金量，即反映在成交量上。没有成交量的放大股价的上涨往往难以实现。但水能载舟也能覆舟，在股市中主力常常会通过成交量的变化诱骗散户投资者。成交量在股价出现大幅度调整后的放大，往往是主力资金介入的体现。但当股价出现大幅度上涨后，出现放量滞涨现象，则往往是主力出逃的先兆。短线操作应特别注意观察成交量的变化，"低位放量择机买，高位放量要减仓"。

二、警惕行情假突破

"假突破"的表现形式是常以长阳放量方式突破阻力位，走出波段新高。但次日明显走出滞涨 K 线。不明其理的散户投资者普遍会认为，突破后的回调是买入机会，纷纷看好该股中长期巨大上升空间被打开，争先恐后追进买入。但是，随后股价不涨反跌，甚至走出破位局面。可见，主力在技术上的制造假突破，往往意味着主流机构对该股的中长级行情看弱。判断真假突破的要诀：股价形成突破后，K 线组合不能形成滞涨组合。若构成滞涨组合，则多为假突破。

通常，某些个股在前期阻力位前巨量换手，股价却停滞不前，显示主力资金大肆派发筹码，如果在后期不能够继续高举高打，则持有者必须果断离场，当心主力制造诱多陷阱。对这样的个股，短线投机者要防止被套，必须把买进的时间推迟到下午收盘的时候，以防主力突然掉头杀跌，逃之夭夭把散户牢牢地套在山岗上。

三、警惕"钝刀子割肉"的猎杀行为

这种手法往往出现在机构高度控盘的品种上，其表现形式是小阴小阳整理走势，但 K 线重心却在缓慢下移。机构战略性缓慢撤退，每天缩量隐性抛售，让不少看多投资者误以为股价下跌无力，屡接屡套深受其害。因此，对某只股票的股价从涨不动的高位下跌行为一定要多注意，特别是一个时间周期的龙头股票如果连续 3 天未收复 5 日均线，稳妥的做法是，在尚未严重"损手断脚"的情况下，早退出来要紧。判断个股趋势的好坏，衡量个股行情的优劣，"当涨不涨，走为上"。

四、下跌趋势中形成的金叉永远是卖出时机

当股价处于下跌趋势时，出现反弹造成均线的金叉不是买入点，而是择机卖出的信号。当股价反弹触及长期下降趋势线上轨处选择回调，说明长期趋势线的压力不小，同时显示这样的股票中的主力做多意愿的不坚决，股价的短线上涨只是反弹，不能改变行情的性质，应择机卖出。多数散户投资者往往喜欢抄底，见到短线图形较好，就误认为行情从此走好，而急于抄底买入。结果成为新的套牢者。"买势不买底"是操作成败要素之一。

五、宁错卖，不错买

股市操作中应遵守"宁错卖，不错买"的操作原则。买点可以错过，卖出点绝不要轻易错过。俗话说：丢个买点不赔钱，错入买点赔大钱。错卖股票少赚钱，错过卖点要赔钱。当股价在上涨过程中出现滞涨信号组合时，应及时进行减仓。滞涨组合的表现形式是：K线成阴阳组合，连续三日无高点出现，后市一旦跌破组合低点，则意味下跌行情开启。下跌行情开启后，任何时候卖出都是对的，无论次日有无反弹出现，都是不要为卖出而后悔。因为你的卖出意味着你已终止了损失。

六、克服贪欲半仓滚动操作

面对复杂的市场，任何时候都必须把防范风险放在第一位。因此，操作上应坚持半仓滚动操作原则，你的每次交易与你上一次交易的结果无关，决定你是否交易的是行情的性质，而不是你上次交易的结果。不要因上次卖出价，而影响你的当下的买入交易。

市场中期底形成后，个股方面通常会有30%～50%的涨幅，部分反弹龙头甚至还有100%的涨幅。投资者一定要记住，不可太贪心，一般在面对前期阻力位的时候，不少个股还会出现一定程度的技术回调，不要轻信专家们煽动诱惑，一旦趋势线发生变化，必须注意见好就收，把最后的利润留点给胆子大的人去赚。

总之，在实战操盘中，每一次买卖决策都应当坚决遵守交易法则，不可有丝毫的情感因素，或主观臆断，牢记交易法则并灵活操作。交易者要明白，看到的市场底太恐惧永远抄不到底，看不到的市场顶太贪婪却难逃脱顶，在市场中唯有波段操作方能波段是金，有限的投资才有可能获取无限的收益。

第五节　短线操作盘口分析技巧

（1）在上午开盘时成交量急速放大，且形态较好的个股，可效仿分时图谱即时买进。不放量不买！

（2）涨幅榜靠前的同类强势个股。可寻机买进。

（3）今天继续强势的昨日强势股。可逢低买入。强者恒强！

（4）低开后平稳上涨且有大手笔成交股。可随机买进。

（5）尾盘前 10 分钟进入 60 分钟涨幅排名榜前 30 名且有明确止跌或形态突破的个股。可短线买入。

（6）趋势向上，盘中突然放量上涨的个股。可及时买进。

（7）炒股票必须把握好成交量剧增股及同类股的良机。趁热打铁"买就买热点"！

（8）对于那些首次进入成交量排行榜，股价又涨的股票须有进货的考虑；对于那些首次进入成交量排行榜，股价又跌的股票应有出货的考虑。

（9）开盘大幅低开后，走高至涨停特别在大盘不太强时，可仿分时图谱进出。

（10）每周第一天收盘往往与本周周线收盘相吻合，即同阴阳。

（11）每月第一天收盘往往与本月月线收盘相吻合，即同阴阳。

（12）上午不论何因停盘的股票，复盘后只要不涨停立即卖掉无论好坏消息。

（13）第一天出现"小猫钓鱼"走势，可大胆跟进并持有，但一旦钓鱼反抽卖掉。要斩就早斩，要追就早追，犹豫不决，股市大忌逢高不出货、套牢不斩仓、热点转移不换手、才解套来又被套亏损股民共有特性！

（14）收盘前瞬间拉高，在收盘前的那一两分钟内，某只股票的盘口会突然显示出一笔大买单，把股价拉至高位。表明庄家的资金实力是有限的，所以为了节省资金，他们会让股价在收盘之时位于高位；又或者会通过尾市"搞突击"一秒拉高，来突破强阻力的关键价位，让散户防不胜防。短线可在次日逢低跟进。

（15）收盘前瞬间下砸，此类走势成因较复杂，但目的无非以下三种：①为了让日 K 线形成光脚大阴线或者十字星等比较难看的图形，让持股者感到恐慌而达到震仓的目的；②为了使次日高开大涨能跻身龙虎榜，吸引投资者的注意做准备；③操盘手故意把股价下杀到低位，卖给自己或者相关联的人。后市应给予特别关注。

（16）盘中瞬间大幅拉高，即瞬间大幅拉高，盘中以涨停或以快速很大幅度拉升，但瞬间又出现回落。其目的如下：①试盘动作，试上方抛盘是否沉重；②试盘动作，试下方接盘的支撑力及市场关注度；③操盘手把筹码低价卖给自己或关联人；④为主力拉高出货作掩护，掩人耳目。

第六节　短线盘口语言

每一只股票都会有主力存在，但不意味着存在主力的股票短期内都会出现上涨。只有那些具备题材和上涨条件的股票才会引起主力拉动股价上升的欲望。尽管股市是变幻莫测的，但技术图表和盘口语言对每一位投资者而言却是公平的。

因此，了解盘口语言对每一位投资者都是十分重要的。

主流资金说话的方式就是盘口语音。一只股票，有庄无庄，是善庄还是恶庄，都会以盘口语言的方式表现出来。盘中的每一笔的成交，都在悄悄告诉我们资金的意图是什么。在不同的时期，价位，格局，即使是同一种盘口语言，它的意义也是不同的。换句话说，必须长期跟踪，盯紧盘口，才能深入地了解庄家的盘口语言，读懂它说话的方式。读懂盘口语言就是成为一个成功者的基本功。

一、观察盘口语言的四个重要指标

（1）买一、买二、买三、买四、买五或卖一、卖二、卖三、卖四、卖五价格数字变化；

（2）个股随着价格而产生的成交量变化，放量（如倍量）或缩量现象；

（3）个股股价走势与所属板块指数及个股走势关系；

（4）股价有无长上影线或下影线，长上下影线多为主力的试盘行为。

二、盘口语言大致分为四类

（1）承：是盘口语言的基本语法之一。简单地说，就是庄家或机构主力在下方（挂买盘）承接。表现在特定的价格范围，出现大买入盘。

（2）护：即护盘，就是主力资金托住股价不使其下跌过多。护盘这种盘口语言，往往出现在庄家刚想拉升时，突遇大势不好，或个股突遇利空消息打压。庄家采取的保护措施，表现为股价既不打压也不拉升，始终处于小幅震荡。

（3）吸：主力通过多种方式，比如打压吸筹、拉高吸筹等，主要运用在主力吸筹建仓阶段。表现为盘中当日震荡幅度非常大，但收盘时涨跌幅度并不大。

（4）转：又称对倒或对敲，多见于拉高阶段、派发阶段。不要看盘中买盘一浪高过一浪，但主力的筹码并没有增加，一手进一手出而已，有时甚至在减少。根据主力的目的不同，有不增仓位的转、适量增仓的转和派发筹码的转等不同方式。

三、挂单与成交量关系

盘口语言主要指的是盘口买卖五档挂单的变化，以及分时成交量，如何弄清楚这每一笔分时买卖价格与成交量背后意味着什么？对投资者而言具有非常重要的意义。

（一）买卖五档的挂单

在一般炒股软件上显示，买盘从买一到买五，卖盘从卖一到卖五。它是根据时间、价格优先原则而排列的，通俗理解显示此时为了买卖这只股票，后面有多少手在等着。别看含义很简单，但主力庄家往往利用这个跟散户玩心理战。

比如在买卖五档中的某一价位有时候突然会出现比平时大几十倍，甚至几百倍的挂单。这就是主力的身影，主力故意让你看到的一种行为。

在记录的成交明细盘中，也只是主力在和散户玩的一个游戏，这里记录的每一笔交易，主动性买入与主动性卖出都是主力通过打时间差刻意制造的一种行为，并非盘口主力的真实意图。所以绝不能简单地利用自己的第一感觉去判断，有时你所看到的并非真相，一定要结合当时股价所处的位置，股价运行的趋势方向及其他指标具体分析。

（二）压盘单

压盘单指的是在卖三或卖四上出现的巨量挂单，比平时的自然挂单要大几十倍或几百倍，往往这个数量的挂单必然是主力的有意安排。

压盘单又分为固定压盘单和移动压盘单。盘中的压盘单在某一价位有时候永远攻不过去，此种称为固定压盘单。而不断变换的压盘单，称为移动压盘单。比如说股价上升过程中，只要卖三价位10元的巨量压盘单露出来，股价就会出现回调，盘中几个小时股价都攻不过10元，这样的压盘单，即叫作固定压盘单。有时候卖三的压盘价格会随着时间的推移不断地移动改变价位，则为移动压盘单。

（三）托盘单

在买三或买四上有比平时的自然挂单要大几十倍到几百倍。主力为了达到操盘盈利的目的，常会在买入挂单区挂出托盘单，以吸引投资者的注意。但投资者需要注意的是盘口出现托盘单，股价不一定就会上涨。托单盘的出现往往是主力准备出货的前兆。托盘单位同样有固定托盘单和移动托盘单之分，固定托盘单即当日股价无论如何震荡，但很难跌破托盘价，移动托盘单即会不断地被主力撤销后再在别的价位挂出，而推动股价上下移动，达到主力的操盘目的。固定托盘单如在某些关键点位出现，有时候也会被看作主力的有意护盘行为。

（四）夹板单

夹板单指的是在同一只股票的盘口上，同时出现压盘单和托盘单。即在卖三或卖四挂着巨量卖单，同时在买三或买四同样挂着巨量的买单。散户的自然挂单被夹在压盘单与托盘单之间，如同被夹板夹住一样。股价只能做横向的窄幅波动。当某只股票盘口出现夹板现象时，一般是主力想要把股价暂时稳定在某一价位而有意安排的一种特殊行为。

（五）挂买撤买，股价下跌

在盘口如果看到有大量托盘单，但股价却不上涨，并且在托盘单在没有成交的情况下突然消失。这是主力的撤买单现象。买单消失盘口委比就会显示为负，卖压较重造成股价的下滑。倘若主力撤去买单后，又在下一个价位再次挂出巨量买单，并且不断地重复挂买撤买，导致股价不断地下移。这种现象就叫作挂买撤买指挥单。预示下跌行情即将来临。

（六）托盘单上移，股价上涨

当盘口出现托盘单后，如果此时主力将托盘单全部撤掉，卖单上只挂有散户的自然挂单，那么委比不但为正，而且会看到卖单几乎没有一点抛压。假如说买三的托板挂单目前价位为 10 元，随着股价的上涨，托盘单的价位也不断上移，在 10.1 元、10.2 元出现，推着股价不断上涨。这种现象就叫作托盘滚动，股价上涨指挥单，表明短线承接力强。

（七）压盘滚动下移，股价下跌

当主力在盘口卖单处挂出巨量卖单，如果此时主力将自己的买单全部撤掉，盘口就会显示委比为负，投资者就会感到下方没有人愿意承接筹码，从而就会加入恐慌性抛售的空方阵营，促使股价的进一步下跌。假如此时主力的巨量挂单不断地在下一个价位挂出，推动股价进一步循环下跌。这种现象就叫作压盘滚动，股价下跌指挥单。

（八）压盘滚动上移，股价上涨

盘口出现大量压盘单，但随后压盘单被主动撤销。此时盘口委比显示为正。若股价随之上涨，盘口再次出现压单盘，但仍在没成交的情况下主动撤销，股价继续上涨。此为上涨指挥单，后市看涨。

小结：总之，在选择股票时，我们不单要考虑基本面，同时更应注重技术分析，了解当前的盘口语言含义，才能更为准确地把握股票上涨的买入机会，任何的偏离都会大大降低交易的成功率。

第十三章　交易者的感悟

你成功的秘诀不在于你比别人聪明，在于市场存在着错误，而你抓住了这错误。

第一节　有关交易的感悟

对于市场未来的行情谁也无法精准预测，你唯一可以信任的是你的交易规则。

真正的交易者，只关心两件事：

（1）市场价格走势证明我对了怎么做？

（2）市场价格走势证明我错了怎么做？

你的预测和判断力或许能帮助你获取盈利，但真正能让你稳定获利的是"你做错的时候你尽可能少亏，你做对的时候你尽可能多赚"，这是股市实战家与股票分析师之间的最大差别。这就是交易规则的本质。

买入的目的不是为了亏钱，而是为了获利，且尽可能多地获利。当走势对你有利的时候，必须贪婪、让利润奔跑，当走势对你不利的时候，要克服你的欲望，停止幻想、截断亏损。

事实上，谁也不知道股票价格明天会怎么走，即便是当前走势非常好的情况下，明天也会出现风云突变。股票交易就是赌博，用确定的代价赌不确定的利润，只不过当致命的风险来临时，你要知道学会躲避，当风险可控的时候，你可以放手一搏。

人们每天都会问同一个问题，明天大盘指数会怎么走。我也如是。但事实上任何时候大盘方向都是模糊的，都是不确定的！推测行情对交易者而言，只是对交易计划做如何的修定。

交易大部分时候都是"计划我的交易，交易我的计划"。盘后去看走势按规则确定怎样做，交易时间做的就只是按规则去交易。如果要在交易时间中的波动里，才考虑那些哪里该买进或该卖出问题，相信很多时候会让自己不知所措。

"计划交易，按计划交易"是职业交易者与公众交易者最大的区别。

许多朋友学习股票的操作技术，是为了追求短线的收益。因此，拼命地想追求最佳的买入位置及最佳的卖出位置，甚至许多人以买在当日的最低价为荣。但对于真正的交易者而言，买点位置虽然重要，但并不是最重要的，最重要的是在当买入的时候能够买得到。事实上，在交易的过程中我们常因计较一分钱的差价而错过了赚大钱的机会，也常因一分钱的贪欲错失了避免更大损失的机会。因此，你的交易是否完美不在于你是否买在了最低价或卖在了最高价，而在于你顺应了趋势的转折，在当买时果断买入，在当卖出时果断卖出。

华尔街有人曾经做过一个实验，拿出几张走势图，然后让几个小学生和几个做了几年交易的人选择后面的方向，结果小学生的胜率远高于那些做了几年交易的人。原因很简单，那就是简单思维。同一张向上的走势图，在小学生眼中就是向上，今后也应向上。而在交易者眼中可能就会产生无数个假设图，给出不同的判断。因此，对交易者而言，看清现在的行情，比判断未来行情更重要。做好当下的交易，比看清未来机会更重要。

公众交易者（散户）之所以把精确买点看得那么重，无非是以下原因：

（1）希望买在最低点位上，买进就有盈利，无法忍受价格的正常回调。

（2）认为止损就是灾难，所以你总是把止损设得很小。

（3）显示自己比别人更懂技术。

但却忽略了交易的规则，即当买时必买。买入K线信号并不是一个点，而是一个价格区间，交易的原则是错过交易机会，远比买在最低点重要。可惜，有多少人在大概率的涨势面前，因为追求精确买入价格而错失机会。

世上最白痴的交易者，就是那些惧怕亏损的人，由于惧怕，于是总希望买在最低价，因为这种人从心里无法承受价格的波动。但市场价格永远是存在波动的，没有价格的波动，市场也就不存在了。价格波动是市场的重要组成环节，也是交易的意义所在，没有了价格的波动，也就失去了交易的意义。至于由于价格的浮动带来的利润的回撤，对每一个交易者而言都是正常之事。

其实浮盈根本不是你的利润。交易进程中因为回撤会损失一些利润，但也会因为回撤而带来更大的利润，这是交易中不可或缺的一部分。

至于亏损是交易者自己可以控制的，盈利则需要行情的支持。市场能给你带来多大的利润是不可知的，但你的亏损是你自己可以掌控的。

从理论上讲，股市的风险是可控的，而赚钱的机会是无限的。因此，每一个进入股市的人，都应该是赚钱的。但事实上却恰恰相反。进入到股市的投资人十之八九不赚钱。根本原因是不遵守游戏规则。贪婪与恐惧的本性让你对市场规则熟视无睹。而放任更是人与生俱来的天性，摆脱束缚则成为违背规则的说辞。

笔者有不少朋友曾经这样对笔者说，先生你带着我们一起做吧，你买什么，我就买什么，买卖时告诉我们一下就行。于是，笔者把交易策略全部告诉给他们，甚至交割单也给他们看。但是一段时间下来我们的交易结果却大不一样。因为市场的诱惑无处不在。而笔者的买点永远不会是最低价，卖点也永远不会是最高价。由于又回到纠结于买卖点的精准老路上，是否可以买在更低位，是否能再高卖一分钱。

其实，现在这个市场已不存在什么交易秘籍。即使是最赚钱的交易策略也早就是公开的秘密，真正的交易者不会认为拥有交易独到的秘诀，就能抵御市场无时不在的诱惑，而成为赢家。唯有遵守市场交易规则，恪守自己信仰的交易，才能成为这个市场中的赢家。这是赢家与输家的唯一区别，除此之外没有任何秘诀可言。

交易高手在某个特定的市场阶段，成为市场的王者所向无敌。成功的秘诀在于市场存在错误，而你抓住了这错误。然而，在市场的其他阶段往往会感到失落，甚至成为最受伤害的失败者。因为任何一种方法都是针对市场的某些错误存在的。道家所云："孤阴不生，孤阳不长"。《六祖坛经》记述了这样一个故事，神秀先做一谒"身是菩提树，心为明镜台；时时勤拂拭，莫使惹尘埃"，引出六祖著名的"菩提本无树，明镜亦非台；本来无一物，何处惹尘埃。"后人都认为六祖所言更深刻，但若试想如果没有神秀在前，六祖会出何句证心？神秀的法是针对凡夫，六祖的法是针对神秀。放在一起六祖法高于神秀，但是六祖之法适合凡夫吗？市场交易之道也如同于此，环境不同，法也不同，本无高下之分。市场交易者如果都是凡夫，神秀之法必胜于凡夫，但如果凡夫渡尽，神秀之法又当如何？

第二节　关于交易理念的感悟

老子：为学日益，为道日损，损之又损，以至于无为，无为而无不为。老子认为做学问与修道的方法不同，做学问是每天都增加一点知识，而修道是每天减少一点欲望成见，一减再减，减到最减，就无所不知，无所不能为。老子在2000多年前就已把交易之道精辟地告诉了我们。交易的知识、见解要日有所增。交易的欲望与成见要日有所减，直至弱水三千，只取一瓢。"损至一为"交易之道彻悟。

交易的成败不在于技术，而在于理念。有道无术，术尚可求，有术无道，止于术。道：即为理念，就是遵循自然规律的前提下坚守交易法则。而"术"，则是讲求应对确定性规律的一些具体的操作方法。在股票市场，道的存在源于亘古不变的人性，在股市这一特殊的市场存在不同的特征。

交易的理念取决于对自然哲学思想的理解和感悟。哲学境界包括若干层次，由低端的进退有度，到高端的进退自如，最高层次具有上善若水、返璞归真、无招胜有招的特点。进入这个境界的投资者能够清醒地认识到尊重、服从而不是想象市场，他们绝非技术至上论者。

成功的交易者通常已进入哲学境界，具备稳定盈利的能力。此境界的交易者对自身的优势有着充分的认知。其交易理念为：有所为，有所不为。无欲而为，而无不能为。你的哲学境界决定了你的交易理念。市场参与者的理念划分为小成、中成、大成三种类型。小成者——为短线交易者，他们追求的是对盘面有极高的敏感和判断力，及短线买卖的高超技巧。中成者是波段趋势交易者，充分认识波段与趋势，知道哪些机会适合精确打击，真正做到顺势而为波段操作。大成者——这部分人已达到了能够掌控全局的程度，大有运筹帷幄，决胜于千里之外的气魄。短打长守随心所欲。

哲学境界的交易理念基本要求为：尊重、服从市场，而不是想象市场，亦即尊重市场的不确定性。而不会将任何技术判断凌驾于市场之上；服从于市场，有所为，有所不为。

第三节　关于趋势交易的感悟

趋势是交易者的朋友，因为它能给你指明方向。趋势也是交易者的敌人，因为它常会把你带入交易的雷区。

趋势不是用来预测的，而是用来跟随的。对于趋势的把握，不同境界的人是不同的对待：新手看不懂趋势；老手喜欢预测趋势；高手只是跟随趋势。

对于大多数交易者来说，顺势而为交易理念是可以接受的。但在如何利用趋势进行交易上，却存在着较大的分歧。下面来看看我们应该如何追随趋势。

一、趋势理念

即如何认识趋势的问题。如何认识趋势，这一点很重要。如果你对趋势认识错误了，那么你无论是顺势交易，还是逆势交易对你而言都没什么意义了。因为你最终的交易结果都将会以失败而告终。

对交易者而言你交易的永远是你的理念，而不是趋势。趋势是一种交易理念，而你的交易理念正确与否，取决于你对市场的认知。如果你对市场的认知是错的，那么你的交易理念，及所做的一切也必然是错的。就如同一个人抛硬币，连续 100 次都是正面。因此，做出判断第 101 次一定还是正面一样。因为理念的错误导致你的胜算永远是靠运气。

事实上市场价格的运行永远不可预测，因此，所谓的顺势交易其实只是个伪命题。因为无论你是顺势交易还是逆势交易，其结果都如同抛硬币一样。在你抛出的那一刻，结果已不是你能决定的了。

当然，我这样说不意味着我们可以放弃趋势，相反我会更加尊重趋势，因为趋势告诫你要更好地把握当下，而不是去判断未来。

因此，趋势交易的理念，不应是判断未来，而是活在当下。

二、趋势交易到底应该如何进行交易

趋势交易在许多人看来就是右侧交易，即当行情明确了再进行交易。但此时往往会被带入追涨杀跌的交易陷阱魔咒之中。原因其实很简单，趋势交易的魔咒就是周期。所有的趋势，都是基于一定的时间框架之下。离开特定的时间框架谈趋势，就犹如空中楼阁。

离开周期谈趋势交易，是毫无意义的事情。趋势交易，离不开一个具体的周期。正如经常会遇到的一种现象，日线上只是下点毛毛雨，但在 5 分周期图上或已是倾盘大雨。不同周期的图表上，趋势可能完全相反。日线涨势如虹，周线上仍可能是乌云一片，月线可能是头肩底，年线可能在半山腰。因此，离开了周期去谈趋势交易就是一句空话。

无为趋势股理认为，趋势交易的第一要素是，首先，必须确定下周期。现在市场上对趋势的划分，多为这样划分的，即主要趋势、次级趋势、上升趋势、下降趋势、水平趋势。其实这是一种模糊概念。如，在日周期上股价的趋势或是一个向上的趋势，但在 30 分周期上看，股价的趋势已成为下降趋势。或许在周线上它也正处于下降趋势之中。因此，趋势交易首先要确定你在哪个时间周期上进行趋势交易。其次，趋势交易不是追逐性交易，而是转折性交易。追逐性交易只会让你陷入追涨杀跌的魔咒之中。在趋势交易中只有两个交易时机，即趋势波浪中的波段转折位置。除此之外的买卖，都有可能是趋势交易的陷阱，即卖了就涨，买了就跌的怪圈。

三、趋势不可能是直线运行的，趋势往往是以波浪形态震荡而行

这样就出现了盈亏的问题。

有人说趋势不看短线盈亏的。此种理念是大错特错。长期的亏损都是由短期的亏损开始的。如果你的股票已出现亏损，那只能说明两个问题：一个是你从开始就判断错了方向，在不该进场的时候买入了股票。这只能说明你尚不具备判断方向的能力，需要加强学习。另一个是开始时你所判断的方向是对的，但缺乏明确的趋势交易理念，掉进追涨的陷阱。而当亏损出现时，仍没能认识到自由的交易理念出现了问题，而一味坚持自己的判断。结果是当别人赚钱时你赔钱，当别人赚大钱时，你解套。

一个真正的交易者对待亏损的态度永远是零容忍。而趋势交易永远是在赚钱的基础上让利润奔跑。

趋势是不可违背的，每一位交易者都必须顺应趋势进行交易。但趋势是可以预判的。它可以通过 K 线的形态及均线的抵扣测算出，趋势的方向在什么情况下即将发生转变，从而提前做好应对的准备。《易经》上讲：两仪生四象，四象生八卦。易经八卦是古人留下的一种对未来事物发展演绎推理，先辈们应用代表不同对立的阴阳组合，将复杂的事情简单化，可谓是大道至简。股市中的涨跌也是对立的两个方面，因此，应用易经八卦的方法及内含的哲理，对市场未来的走势进行推演，即可以对股价的涨跌作出趋势的判断。

（1）三根阳线组合，属于乾卦，乾为天，至阳之气。代表多头盛极，阳至

极则易反。因此，应注意涨势即将结束。

（2）二阳一阴组合，属于兑卦，兑卦为泽，性近水，水能载舟也能覆舟，寓意多空相容，即阴阳相容，阳线的上涨需要阴线的扶持，否则刚极易折，市场尚未明朗。

（3）二阳夹一阴组合，属于离卦，离属于火，寓意阳盛。代表多方占上风，后市看涨。

（4）一阳二阴组合，属于震卦，震为雷。晴天雷起，寓意市场空方渐强，跌势为主。

（5）一阴二阳组合，属于巽卦，巽为风，火借风可起，但也可灭。其意在顺。市场寓意跟随。

（6）二阴夹一阳组合，属于坎卦，坎为水，水存于坑，意在险。象曰："一轮明月照水中只见影儿不见踪，愚夫当财下去取，摸来摸去一场空"。市场意处险地，避而远之。空方占上风，后市看跌。

（7）二阴一阳组合，属于艮卦，艮为山，时止则止，时行则行，动静不失其时，其道光明。有止的寓意。K线组合跌势减弱，将展开反弹。

（8）三根阴线组合，属于坤卦，坤为地，属阴。阴至极而生阳。市场寓意跌势极强，但也临近转变的时候。

股价走势虽然千变万化，但都离不开K线的阴阳组合。而阳为天，阴为地、阳盛阴衰则生火，阴盛阳衰化为水，火大则水沽，水大则火灭。而水自山中来而环于山，风雷交加化水存于土而成泽。这暗含五行相生相克之理。由此，我们不仅可以顺应趋势并且可以依据自然法则判断出趋势转折点。

如此看来，似乎我们解决了趋势交易的所有问题。但是，实际上在交易中由于交易者对趋势的认知不同，将会对趋势的判断上产生完全不同看法。此外，对趋势周期的选择不同，也会对交易产生重大的影响。因此，对趋势交易者而言，交易之路永远是迷漫之道。你永远不要试图搞清楚它未来会如何，你能否成功在于你能否跟随住它的脚步。

四、何时进入

趋势交易是一个说起来容易，但做起来却相当困难的一件事。这也就是股市中天天喊着要顺势而为，却每每逆势而行的缘故。趋势的形成是需要一个相对漫长的时间，而在漫长的时间中往往又会因各种意外的因素改变趋势方向。而当你真正看清趋势时，往往或已进入到趋势的尾声阶段。

无为趋势股理认为，所谓的趋势交易实质就是波段交易。而波段交易的要点在于波浪性质的改变。当波浪的性质由下跌波浪转换为上涨波浪时才构成波段的交易条件。而此时的K线组合才是我们判断行情转折的依据。

杰西·利弗莫尔在《股票作手回忆录》的开始几页就明确地写道："理由可